O LIVRO DAS SIMPATIAS

Carolina Chagas

O LIVRO DAS SIMPATIAS

Rituais, orações e práticas para ter sorte, saúde, amor
e se aproximar do divino e da essência de cada um

O selo Fontanar foi licenciado pela Editora Schwarcz S.A.

Grafia atualizada segundo o Acordo Ortográfico da Língua Portuguesa de 1990, que entrou em vigor no Brasil em 2009.

CAPA E PROJETO GRÁFICO Estúdio Bogotá
ILUSTRAÇÕES JJBZ | Estúdio Bogotá
PREPARAÇÃO Angélica Andrade
REVISÃO Márcia Moura e Gabriele Fernandes

Dados Internacionais de Catalogação na Publicação (CIP)
(Câmara Brasileira do Livro, SP, Brasil)

Chagas, Carolina
O livro das simpatias : Rituais, orações e práticas para ter sorte, saúde, amor e se aproximar do divino e da essência de cada um / Carolina Chagas. — 1ª ed. — São Paulo : Fontanar, 2021.
ISBN 978-85-8439-210-0

1. Orações 2. Simpatia 3. Superstição I. Título.
21-57890 CDD-133

Índice para catálogo sistemático:
1. Simpatias : Esoterismo 133
Cibele Maria Dias – Bibliotecária – CRB-8/9427

[2021]

EDITORA SCHWARCZ S.A.
Rua Bandeira Paulista, 702, cj. 32
04532-002 — São Paulo — SP
Telefone: (11) 3707-3500
www.facebook.com/Fontanar.br

PARA RITA DE CÁSSIA

O dia mais belo: hoje.

MADRE TERESA DE CALCUTÁ

Há uma voz que não usa palavras. Escute.

RUMI

- SUMÁRIO -

Apresentação

Afirmo sem titubear: 19 de março é o dia em que mais trabalho no ano. Nele, comemora-se o dia de São José, o homem que criou Jesus Cristo. Nessa data, o santo concede uma graça àquele que fica um ano sem comer uma fruta sorteada, como explico na página 72.

Agradeço a São José por tudo o que tenho de mais caro na vida. Não comi coco no ano em que passei a dividir o mesmo teto com meu marido; nem morango quando engravidei do meu primeiro filho; também evitei ingerir maracujá e qualquer alimento relacionado a essa fruta quando meu caçula nasceu. Poderia encher as páginas a seguir listando outros milagres alcançados graças a essa conexão com São José.

Nessa data, gente que me conhece e que nunca vi pessoalmente me procura para pedir orientações. Uma das coisas que aprendi é que só se pode fazer um pedido por ano. Conheço várias pessoas que sortearam mais de uma fruta e tiveram somente um dos desejos realizado. Também aprendi que não tem problema se você comer a fruta sem querer. São José é santo e sabe que sua intenção não foi aquela. As frutas precisam ser sorteadas, não vale escolher por conta própria. Às vezes vem uma fácil, mas no decorrer do ano São José vai colocar você à prova. Costumo lembrar os amigos da data e ir a alguns lugares levando tiras de papel dobradas com o nome das frutas para sortear com pessoas queridas. Durmo cheia de graça quando o dia termina.

Este livro é sobre isso. Sobre conectar-se com o divino e encontrá-lo dentro de si; sobre ligar-se conscientemente à fonte da vida e à natureza que nos cerca, e entrar em sintonia com elas para descobrir formas melhores de estar no mundo.

Nas próximas páginas, você vai encontrar orações, promessas, simpatias, rezas, banhos, plantas, chás, cristais, óleos essenciais, amuletos e pequenos rituais praticados no Brasil e ao redor do mundo para atrair sorte, amor e prosperidade, afastando o mau-olhado e as energias estagnadas. Há também respirações e gestos de antigas tradições da ioga, que, de acordo com ícones bizantinos, até Jesus usou.

A maioria dessas práticas surgiu há centenas de anos e foi passada de geração em geração desde que o ser humano começou a se organizar em sociedades complexas. Naquela época, não existia energia elétrica, computadores, antibióticos nem ultrassonografias. Não havia pílulas para nos ajudar a dormir, a acordar e a ser menos ansiosos, nem nada para ajustar a temperatura da casa. O banho nem sempre era quente, e a água não brotava das torneiras espalhadas pelos cômodos. Todos viviam mais em contato com a natureza, e o claro e o escuro ditavam a rotina. Os ciclos da vida eram mais respeitados e interpretados com sabedoria. Naquele tempo, para sobreviver às dificuldades, as pessoas criavam histórias, das quais às vezes eram protagonistas. Elas se relacionavam com energias sutis e eram capazes de reconhecer com facilidade os pequenos milagres da vida.

Apesar de toda a racionalidade que impera no mundo atual, os rituais que você vai ler neste livro seguem se repetindo. Quase sempre, vamos usá-los para fazer um pedido, para evidenciar o nosso melhor ou para alcançar um estado de mais calma e completude. Há três ingredientes indispensáveis para praticar este conteúdo desta obra. O primeiro é ter fé, ou seja, saber que não estamos sozinhos e que existe uma força maior com que podemos dividir nossas aflições e alegrias. O segundo é pensar sobre o que queremos: ao enunciar um pedido, explicamos para nós mesmos qual é a nossa intenção e saber o que desejamos é um passo e tanto. Por fim, para cumprir a prática que vai nos levar à realização do nosso desejo, temos de estar atentos ao presente. Prestar atenção no agora é o terceiro ingrediente indispensável.

Entender o significado dos rituais ao executá-los e refletir sobre nossa ação durante e depois das práticas nos ajuda a ter autoconhecimento; a nos conectar aos nossos ancestrais e às tradições, aos cheiros e aos sons maravilhosos que eles criaram para suportar a existência; e, oxalá, a tornar nossa vida menos tumultuada, mais simples e cheia de encanto, amor e significado.

Aviso aos passageiros: estamos começando a trilhar um caminho sem volta. Até porque, ouso garantir, ninguém vai querer engatar a marcha a ré.

Que o entusiasmo acompanhe você nesta linda aventura.

P.S.: Todas as práticas deste livro foram testadas e aprovadas. Ao final, há uma série de agradecimentos a pessoas que me ajudaram muito. Preciso ressaltar a importância de cinco consultores: Andrea Wellbaum, instrutora de ioga e cofundadora do estúdio Hot Yoga São Paulo, que foi minha parceira na seleção e explicação dos mudras, das respirações e das posturas de ioga; Janaina Tahira da Rocha, ou Ynna, que me deu dicas dos melhores cristais para usar no dia a dia; Mon Liu, paisagista e professora de feng shui no Senac, que me ensinou os exercícios das tradições chinesas; Diogo Kaupatez, que me contou o que os japoneses fazem para atrair sorte e boas vibrações; e Rodrigo Lopéz, ator e professor de Grécia antiga, que me passou as máximas délficas que incluí nesta obra.

Jana e Andrea, amigas amadas, e Mon, Diogo e Rodrigo, muito, muito obrigada.

Carolina Chagas

- PRIMEIRAS -
PALAVRAS

Em vida, Fernando Pessoa publicou apenas um livro em língua portuguesa, *Mensagem*. Toda a obra de seus heterônimos foi descoberta e impressa depois de sua morte, em novembro de 1935. Além de ser um dos maiores poetas da nossa língua, ele também foi astrólogo, filósofo, ensaísta, tradutor, dramaturgo e empresário. A seguir, cito a nota introdutória de *Mensagem*. Que ela seja um guia para a jornada que vamos começar. Os grifos são meus!

O entendimento dos símbolos e dos rituais (simbólicos) exige do intérprete que possua ***cinco*** *qualidades ou condições, sem as quais os símbolos serão para ele mortos, e ele um morto para eles.*

1

A primeira é a ***simpatia****; não direi a primeira em tempo, mas a primeira conforme vou citando, e cito por graus de simplicidade. Tem o intérprete que sentir simpatia pelo símbolo que se propõe interpretar.*

2

A segunda é a ***intuição****. A simpatia pode auxiliá-la, se ela já existe, porém não criá-la. Por intuição se entende aquela espécie de entendimento com que se sente o que está além do símbolo, sem que se veja.*

3

A terceira é a ***inteligência****. A inteligência analisa, decompõe, reconstrói noutro nível o símbolo; tem, porém, que fazê-lo depois que, no fundo, é tudo o mesmo. Não direi erudição, como poderia no exame dos símbolos, é o de relacionar no alto o que está de acordo com a relação que está embaixo. Não poderá fazer isto se a simpatia não tiver lembrado essa relação, se a intuição a não tiver estabelecido. Então a inteligência, de discursiva que naturalmente é, se tornará analógica, e o símbolo poderá ser interpretado.*

4

A quarta é a ***compreensão****, entendendo por esta palavra o conhecimento de outras matérias, que permitam que o símbolo seja iluminado por várias luzes, relacionado com vários outros símbolos, pois que, no fundo, é tudo o mesmo. Não direi erudição, como poderia ter dito, pois a erudição é uma soma; nem direi cultura, pois a cultura é uma síntese; e a compreensão é uma vida. Assim certos símbolos não podem ser bem entendidos se não houver antes, ou no mesmo tempo, o entendimento de símbolos diferentes.*

5

A quinta é a menos definível. Direi talvez, falando a uns, que é a graça, falando a outros, que é a mão do Superior Incógnito, falando a terceiros, que é o Conhecimento e a ***Conversação do Santo Anjo da Guarda****, entendendo cada uma destas coisas, que são a mesma da maneira como as entendem aqueles que delas usam, falando ou escrevendo.*

02

– COMO –
COMEÇAR

Monte um altar

Escolha um canto da sua casa e crie um espaço para o divino. Se tiver uma religião, coloque ali imagens que conectem você àquele que chama de Deus, criador e tudo o que diz respeito a Ele; caso contrário, cultive a natureza, os cheiros e a luz. Se um dia uma pedra, uma concha ou um graveto chamar a sua atenção e você tiver vontade de levá-los para casa, inclua-os no seu altar. Flores são sempre bem-vindas, e troque-as quando achar que deve. Reserve um espaço para acender uma vela ou um incenso e posicionar um cristal, para agradecer e pedir. Conecte-se às energias sutis que nos circundam e amplie o seu estar no mundo.

Esteja disponível

Quando entramos em contato com as energias sutis, criamos espaço para usar talentos que não conhecíamos. Esteja disponível e abra-se para o que a vida trouxer. Você vai se sentir mais livre, e sua expressão vai ajudar a iluminar o seu caminho e o de todos que estiverem à sua volta.

Peça, agradeça e esteja presente

NÃO SE ESQUEÇA DE AGRADECER

As pessoas gratas são mais felizes. Seja atento e grato pelos pequenos milagres que presencia todos os dias. São tantos! Agradeça sempre. Se quiser, reserve um pote de vidro para colocar os pequenos milagres que acumular em uma estação do ano. Faça assim: sempre que perceber que algo mágico aconteceu, anote num papel e coloque no pote. Não se esqueça de colocar a data. Ao final da estação, leia os papéis e depois os queime, agradecendo tantas bênçãos. Sempre que estiver sem esperança, você pode voltar ao pote e ler uma ou duas bênçãos que recebeu. Também crie o hábito de ir a uma igreja todo fim de ano, fora do horário das celebrações, para agradecer o ciclo que se encerrou, sem pedir nada.

FAÇA UMA PROMESSA

Um problema está apertando seu coração, tirando seu sono ou impedindo você de seguir em frente? Divida essa aflição com Deus, Jesus ou um santo de sua devoção. Peça auxílio e prometa algo de volta.

E dá certo. Há quarenta anos, os médicos disseram que a tia de uma amiga querida ficaria cega em alguns meses. Depois de combinar com Nossa Senhora que se vestiria apenas de azul e branco, como a santa, ela já passou dos noventa anos e não ficou cega, apenas usa óculos.

Em várias páginas a seguir, você vai encontrar combinados populares como esse. A maioria deles surgiu na Europa, e há séculos ajudam católicos brasileiros a realizar seus desejos.

- SABEDORIAS -
MILENARES

Mudras

A origem dos mudras é desconhecida, mas seus registros ao redor do mundo datam de séculos antes de Cristo. Na Índia, são muito utilizados na dança, considerada uma forma de conexão com o divino. Eles também fazem parte de atividades religiosas e podem ser vistos em representações de deuses hindus.

O hinduísmo, no entanto, não é a única religião a usar posições específicas de mãos. Algumas delas aparecem em diversas pinturas que retratam Jesus Cristo e os santos, e em várias imagens de Buda. A posição mais conhecida é o Atmanjali Mudra — as "mãos em prece".

Praticar um mudra é simples: basta posicionar as mãos e os dedos da forma especificada nas ilustrações. A pressão aplicada nos dedos deve ser suave e sutil, e as mãos devem estar relaxadas. Não se frustre se não conseguir relaxar no início. A flexibilidade dos dedos e das mãos está diretamente relacionada à flexibilidade do restante do corpo, e nosso estado mental e emocional afeta todas as nossas células, inclusive as das mãos. Mudras podem ser realizados em qualquer postura — sentada, deitada, de pé ou andando —, mas é recomendado que o corpo esteja sempre posicionado de forma simétrica, e você, o mais relaxado possível.

Também se acredita que os mudras possam ser praticados a qualquer hora do dia, inclusive no trânsito ou na fila da padaria. Porém eles se tornam mais poderosos e significativos quando são o foco da nossa atenção em determinado momento. Portanto, aconselha-se que sejam praticados em um local silencioso e calmo, onde não haja distrações, e de preferência em uma postura meditativa.

Não há consenso sobre quanto tempo a prática de um mudra deve durar, mas especialistas recomendam períodos de três a trinta minutos e que se repitam de duas a quatro vezes por dia. Quanto mais os praticamos, mais refinada se torna nossa sensibilidade. Assim, se no início você levar cinco minutos para sentir os efeitos de um mudra, depois de um tempo de prática provavelmente vai ser possível senti-los já no primeiro minuto.

Ao longo do livro, há mais cinco mudras para você aplicar e treinar em diferentes situações.

CHIN MUDRA

JNANA MUDRA

Gesto da consciência (Chin Mudra) e gesto da sabedoria (Jnana Mudra)

Como fazer

Toque a ponta do polegar na ponta do indicador e estenda os demais dedos. Descanse as mãos sobre as pernas. Quando os dedos apontam para o céu, o gesto é chamado de Chin Mudra, e, quando apontam para a terra, trata-se do Jnana Mudra.

Há mais duas formas de encostar esses dois dedos: uma é unir ponta com ponta, e a outra é fazer com que a ponta do indicador toque a articulação interfalangeana do polegar (a primeira de cima para baixo, no meio do dedo). Nesse caso, o polegar exerce uma leve pressão contra a ponta do indicador. A primeira variação é uma posição passiva, de recebimento, enquanto a segunda é uma posição ativa, de doação.

Significado

Cada mudra cria uma conexão especial com a consciência cósmica. O polegar representa a consciência cósmica (o divino), e o indicador, a consciência individual (o humano). O gesto de encostar esses dois dedos representa o principal desejo e objetivo do ser humano e da prática de ioga: a união entre a humanidade e o divino; entre o micro e o macrocosmo. Essa posição é encontrada em retratos de deuses hindus e de Buda, sendo conhecida pelos budistas como Vitarka Mudra. Para eles, ela simboliza a discussão por meio de palavras e a transmissão de ensinamentos. Ícones bizantinos também ilustram Jesus Cristo realizando o gesto.

Benefícios

Além de ajudar a nos elevar ao nível espiritual, esses mudras são considerados remédios para estados mentais de estresse e confusão, e melhoram a nossa capacidade de memorização e concentração. Também são úteis em casos de insônia, depressão e pressão alta. Por esses motivos, figuram entre os gestos mais praticados durante a meditação.

4 princípios da sabedoria maia

> Aquele que acredita, cria. O que cria, faz. O que faz transforma a si mesmo e a sociedade onde vive.
>
> *Provérbio maia*

Registros datados do século X a.C. apontam que na América Central vivia um povo culto que dominava uma escrita complexa e tinha um vasto e profundo conhecimento sobre os ciclos celestiais, uma arquitetura exuberante e funcional, e uma arte alegre, bela e rica de simbologias. Trata-se dos maias, cujos descendentes vivem até hoje no interior do México e da Guatemala. Um dos legados mais importantes deixados por esse povo é um calendário sofisticado, baseado em lunações. Eles também desenvolveram ideias e provérbios.

4 PRINCÍPIOS DA SABEDORIA MAIA

001	Seja implacável com as palavras.
002	Nada é pessoal.
003	Faça o máximo esforço.
004	As suposições não trazem nada de bom.

As máximas délficas

Deus do Sol, das profecias e do vaticínio, Apolo equilibra os opostos. Ele também é o deus da beleza, da harmonia e está associado à disseminação de pragas e à morte súbita.

O Templo de Apolo era um dos mais importantes santuários da Grécia antiga e estava ligado à iluminação e ao encaminhamento pessoal, pois abrigava o Oráculo de Delfos. A construção ficava localizada aos pés do monte Parnaso, na região continental do país.

Registros sobre o local apontam que nas paredes do santuário havia centenas de frases escritas em alto-relevo. Essas sentenças costumam ser chamadas de *palaios logos* — ou, em tradução livre, "pensamentos fundamentais" — e fazem parte de um manancial de sabedoria que a civilização grega, considerada base da cultura ocidental moderna, deixou para nós.

A seguir, há uma lista de treze desses preceitos. Os três primeiros têm autoria definida, e os outros dez, acredita-se, estão entre as mais de uma centena de máximas que foram assopradas pelo próprio Apolo às pitonisas — mulheres preparadas para o trabalho sagrado —, que davam respostas e faziam profecias em momentos de transe e comunhão com o deus.

AS MÁXIMAS DÉLFICAS

001	Conhece-te a ti mesmo. (Tales de Mileto)
002	Nada em excesso. (Sólon)
003	A prática é tudo. (Periandro de Corinto)
004	Não se desculpe por tudo.
005	Seja cortês.
006	Seja (religiosamente) silencioso.
007	Honre o fogo central.*
008	Produza rotas nobres.
009	Conheça o juiz.
010	Não se oponha a alguém ausente.
011	Ajude os amigos.
012	Lute, lute pela vida.
013	Pense como mortal.

*Máxima ligada a Héstia, deusa do fogo doméstico e dos lares gregos, que simbolizava a essência e o lugar de cada um no mundo.

10 sabedorias dos povos do Alasca

Por muitos anos, a região que chamamos de Alasca foi ocupada por numerosos povos, como os inupiat, os yupik, os aleútes, os inuítes, os tlingit, os haida, os tsimshian e os eyak. Os valores que eles passaram de geração em geração foram organizados pelo Alaska Native Heritage Center, localizado na cidade de Anchorage, onde descendentes dessas culturas se encontram até hoje para perpetuar os costumes e a iluminação deixados como legado.

10 SABEDORIAS DOS POVOS DO ALASCA

001	Demonstre respeito pelo outro. Cada pessoa tem um dom.
002	Divida o que você tem. Dar o torna mais rico.
003	Saiba quem você é. Você é um reflexo da sua família.
004	Aceite o que a vida traz. Você não pode controlar tudo.
005	Tenha paciência. Algumas coisas não podem ser apressadas.
006	Vigie os seus atos. O que você faz volta para você.
007	Cuide dos outros. Você não pode viver sem eles.
008	Honre os mais velhos. Eles conhecem os atalhos da vida.
009	Reze por orientação. Há coisas sobre as quais nada se sabe.
010	Enxergue as conexões. Tudo que existe está relacionado.

04

- A ENERGIA -
DE CADA DIA DA SEMANA

Na maioria das línguas ocidentais, o nome dos dias da semana surgiu durante a Idade Média, período de dez séculos que vai da queda do Império Romano à tomada de Constantinopla pelos turcos. Influenciados pelos sumérios e pelos babilônios, gregos e, posteriormente, romanos adotaram o calendário com semanas de sete manhãs, cujos nomes estão ligados aos sete objetos observados no céu naquele tempo: a Lua, o Sol e os planetas Mercúrio, Vênus, Marte, Júpiter e Saturno.

Em português, o nome do primeiro dia da semana, "domingo", vem do latim *dominicus*, que remete ao "dia do Senhor", dedicado às missas. Era também quando as cidades ficavam mais cheias, atraindo a "primeira" feira da semana. Daí, o dia seguinte passou a ser chamado de "segunda" feira, e assim por diante. Sábado é derivado do hebraico *shabat*, o "dia do descanso". No inglês, a nomenclatura para os dias da semana foi inspirada pela astronomia e pelos deuses nórdicos: *Saturday* (sábado) é o dia de Saturno; *Sunday* (domingo) é o dia do Sol; *Monday* (segunda-feira) é o dia da Lua; *Tuesday* (terça-feira) é o dia de Týr, deus da guerra e do combate etc.

A seguir, um pouco sobre cada dia da semana e as energias que eles emanam. Com a ajuda de um calendário ou de uma pesquisa na internet, descubra em qual você nasceu e veja se as características são compatíveis com sua personalidade.

Domingo é o dia do Sol, da criatividade e da saúde, e também de se relacionar com a espiritualidade — meditações, missas, cultos e orações, toda conexão com o divino combina com ele. É um dia para se dedicar a si mesmo e aos seus desejos. O incenso de olíbano (ou frankincense) — com o qual acredita-se, os Reis Magos presentearam Jesus e sua família — é o cheiro que embala esse dia. As cores auspiciosas são o laranja e o dourado. Domingo também está ligado ao Arcanjo Miguel, à solução de problemas e a proteção e defesa. Quem nasce no domingo é charmoso, curioso e otimista. Gosta de ser o centro das atenções e escolhe como trabalho algo que fale ao seu coração. Sua vida vai ser intensa e cheia de conquistas.

Segunda-feira é o dia da Lua, da saúde, de purificar a casa e de ajudar as pessoas em processos de cura. Também é um dia propício para faxinar, organizar e realizar planejamentos de todo tipo. Os cheiros de camomila, eucalipto, jasmim e limão são bons para fluírem dentro de casa, e a cor do dia é o prateado. Relacionado ao Arcanjo Gabriel, é um momento de forte intuição, elevação, novidades e boas notícias. Os judeus sefarditas, que de acordo com estudiosos desenvolveram muitos princípios usados no sistema bancário mundial, dizem que nunca se deve emprestar dinheiro nesse dia. As pessoas que nascem na segunda-feira têm a proteção da lua, são intuitivas e curiosas, além de se adaptarem facilmente aos ciclos da vida e às mudanças.

Terça-feira é o dia de Marte, do trabalho, da riqueza, da força e de pedir coragem e capacidade para superar obstáculos. Ótimo para dar o pontapé inicial em novos projetos e colocar os planos em movimento. O vermelho e o laranja-vivo são as cores associadas a esse dia, e os cheiros de manjericão e de gengibre são os mais adequados para serem usados em casa e no ambiente de trabalho. O Arcanjo Samuel, que resolve causas urgentes e traz força e coragem, está ligado à terça-feira. Segundo as tradições sefarditas, também não se deve pedir dinheiro emprestado nesse dia. Quem nasce na terça-feira é ativo, objetivo, transparente e não gosta de perder tempo. Sua coragem cativa as pessoas, o que às vezes o torna um líder natural.

Quarta-feira é o dia de Mercúrio, da boa comunicação, da rapidez, da conciliação, da precisão, da movimentação, das viagens e dos estudos. Tudo o que for relacionado a esses tópicos e puder ser resolvido nesse dia, melhor.

Divulgação de projetos, abertura de lojas e atividades ligadas ao comércio são beneficiadas pela energia da quarta-feira. Também é o dia perfeito para encontrar grupos, seja para definir estratégias de trabalho, seja para comemorações e confraternizações em geral. A cor é o amarelo, e as essências indicadas, de cidreira e de cravo. Esse dia está ligado ao Arcanjo Rafael, que facilita curas e favorece os estudos. Quem nasce na quarta-feira é comunicativo, inteligente, curioso e bem-humorado, adora pessoas e tende a levar uma vida mais fluida e menos planejada do que seus colegas.

Quinta-feira é o dia de Júpiter, também conhecido como Zeus, deus do céu. É o dia da prosperidade, da amizade, da sorte, da leveza, do otimismo, da intuição, da tomada de decisões e da abertura de novos caminhos. Tudo aquilo que visar à expansão deve ser planejado e, se possível, iniciado nesse dia. A cor que protege as quintas-feiras é o dourado, e o cheiro, de sálvia, que também remete aos sábios. É o Arcanjo Zadkiel, da segurança financeira, da proteção, do sucesso e da abertura de caminhos, que se relaciona a esse dia. Quem nasce na quinta-feira costuma ser um bom conselheiro, por isso pode se tornar um líder. São pessoas otimistas que gostam de uma vida agitada e diversa, e que sabem lidar bem com dinheiro.

Sexta-feira é o dia de Vênus, da beleza, da graça, do amor, da paixão e dos melhores amigos. É propício para tomar decisões ligadas a questões de estética, como escolher a decoração da casa, o traje da festa e o esmalte das unhas, e para fazer boas aquisições e pedidos complicados, como aumentos (sempre antes do meio-dia). O Arcanjo Haniel está ligado a esse dia. Ele emana amor, proteção familiar, equilíbrio e reconciliação. Segundo a sabedoria dos judeus sefarditas, não se deve pagar contas na sexta-feira, então, se possível, acerte boletos e dívidas no dia anterior. Banhos de banheira com rosas e essências florais em geral atraem boas energias, e as cores indicadas são o verde e o rosa. Quem nasce na sexta-feira é muito afetivo, alegre e adora festas, tem um bom humor imbatível e se engaja em boas ações, além de odiar conflitos e apreciar as artes e tudo o que é belo e harmônico.

Sábado é o último dia da semana, dedicado ao descanso. Em hebraico, a palavra que corresponde a ele, *shabat*, significa "ele descansou". Muita gente tira o sábado para relaxar e fazer compras, mas atenção: ele também é o dia de Saturno e de pensar na carreira a longo prazo, nas prioridades e nas ambições. Não se alongue demais com o que precisa ser feito a curto prazo e invista em conhecimentos que sejam prazerosos e inspiradores para a sua vida. As essências de cipreste e de patchuli nos ajudam a sintonizar com o que esse dia traz de bom, e as cores auspiciosas são o roxo, o preto e o branco. O Arcanjo Cassiel — que fortalece a espiritualidade e dá forças para lutar, sabedoria e proteção — está relacionado a esse dia. Os espíritos maduros nascem aos sábados. Eles são pacientes, educados, comedidos, sabem lidar bem com a ansiedade e cuidar das pessoas amadas. Também são obstinados e alcançam o sucesso através do merecimento, da lealdade e da honestidade.

05

- MELHORES -
MOMENTOS DO DIA PARA RITUAIS

O momento perfeito para fazer um ritual é muito pessoal e deve ser regido pela intuição de cada um.
No entanto, culturas ancestrais esperavam períodos específicos do dia para potencializar as práticas e aproveitar energias favoráveis para determinados fins.
A seguir, uma compilação dessas boas horas e das intenções relacionadas a elas.

Manhã

Considerada a melhor hora para meditar e fazer pedidos e simpatias para estudo, emprego, purificação, recomeços e tudo o que envolva crescimento pessoal.

Meio-dia

No momento em que ninguém faz sombra para ninguém, são favorecidos os pedidos de sucesso, paixão, prosperidade, aumento de ganhos, oportunidades e expansão energética.

Pôr do sol

Quando o dia começa a findar, o momento pede rituais de gratidão, desapego, proteção, dispersão de energias negativas, transmutação e abandono de maus hábitos.

Noite

Antes de dormir, entram em foco as práticas que favorecem as conexões, a intuição, o amor, a autoestima, a cura, o autoconhecimento e a alegria.

06

- SIMPATIAS -
E FASES DA LUA

A cada fase da lua, a natureza expande e retrai, e as marés mudam. Os agricultores sabem que há melhores luas para preparar a terra, semear, colher ou podar. O mesmo ocorre com as intenções e rituais. A seguir, dicas dos tipos de rituais e intenções que mais combinam com cada etapa do ciclo lunar. Claro que aqui sua intuição também é soberana.

LUA NOVA

- Estabeleça intenções
- Faça banhos, escalda-pés e rituais com água
- Pesquise novos hábitos
- Manifeste desejos

LUA CRESCENTE

- Faça pedidos
- Tome iniciativas
- Comece novas rotinas

LUA CHEIA

- Faça rituais coletivos
- Agradeça
- Faça rituais de embelezamento
- Comemore

LUA MINGUANTE

- Pague promessas
- Faça rituais de desapego e limpeza
- Termine relações e encerre maus hábitos

07

– 9 MÁXIMAS –
DAS MINHAS AVÓS

Minha avó materna, Armelinda, de família italiana radicada em São Paulo, e minha avó paterna, Zelinda, mineira, foram mulheres de rara inteligência, pioneirismo e sabedoria. Aqui estão nove lições que aprendi com elas:

001	Esteja em paz com o seu passado ou o seu presente será prejudicado.
002	O que os outros pensam sobre você não é problema seu.
003	O tempo cura qualquer coisa.
004	Não se compare com os demais.
005	Paciência e fé levarão você aonde quiser chegar.
006	Ninguém além de você será responsável por sua felicidade.
007	Sorria sempre, seus problemas não são os maiores do mundo.
008	Beba muita água.
009	Somente coma o que souber reconhecer do que foi feito.

– PARA –

PEDIDOS EM GERAL, BOAS ENERGIAS E ILUMINAÇÃO

Muitos usos para o vermelho

Para os chineses, o vermelho é a cor mais auspiciosa. Ela remete à alegria, ao verão e à realização dos desejos, sendo usada em ocasiões festivas para expressar prosperidade e gratidão. Nessa cultura, as noivas podem ter três vestidos, e um deles é necessariamente vermelho, simbolizando a abertura de novos caminhos, possibilidades e oportunidades. Os bebês também costumam usar talismãs e peças de roupa vermelhos para afastar maus espíritos e atrair felicidade.

No Ano-Novo Chinês, que é calculado a partir das fases da lua e muda de data a cada ano, pode-se praticar este poderoso ritual: escreva seus desejos com caneta preta em tiras de papel vermelho e pendure-as na parte interna da porta de entrada da sua casa. As palavras devem estar visíveis a todos que passam, porque é importante assumir publicamente o que você quer. O preto representa a água, as emoções e a sabedoria, e o vermelho, nesse caso, simboliza o fogo, o êxito e a reputação. Reza a lenda que as intenções devem ser lançadas dessa forma porque "quando um pingo de água cai sobre o fogo, acontece uma ebulição; e é por ebulição que todas as coisas acontecem".

Para São Domingos conceder uma graça

São Domingos foi o primeiro santo a ver Nossa Senhora do Rosário. Se precisar de uma graça, reze um terço por nove dias e faça o pedido a ele. Se o que quer for justo e bom para você, ele o atenderá.

Tanabata: o dia de desejos realizados

Quando o universo estava em formação, um poderoso deus da mitologia japonesa cuidava de fabricar estrelas e pendurá-las no firmamento. Ele encarregou a filha Orihime, a princesa tecelã, de fazer as nuvens. A jovem trabalhou durante muito tempo com afinco, mas certo dia se cansou. Tocado pela dedicação da filha, o deus permitiu que ela espairecesse pela Via Láctea. Orihime vestiu seu mais belo quimono e dançou por entre as estrelas da galáxia até notar, no centro da espiral, um pastor conduzindo um boi. Os dois se apaixonaram de imediato e, enquanto viviam seu amor, se esqueceram de suas tarefas. Quando percebeu o que tinha acontecido, o pai de Orihime separou o casal para sempre. Tocado pelas lágrimas incessantes da filha, ele transformou os amantes em duas estrelas da Via Láctea, Vega e Altair, permitindo que se encontrassem uma vez por ano, na noite de 7 de julho, data conhecida como Tanabata, ou "o anoitecer do sétimo dia". Nessa data, os amantes, felizes pelo encontro, realizam os desejos de todos os seres da Terra. Para ter sua graça alcançada, a pessoa precisa escrever os pedidos em folhas de papel coloridas e pendurá-las em galhos de bambu dias antes do Tanabata.

Para São Jorge abrir caminhos

Toda segunda-feira, acenda uma vela vermelha e peça ao santo para abrir seus caminhos.

Para pedir muitas graças

Separe uma folha de louro para cada pedido que quiser fazer. Com uma caneta esferográfica, escreva um pedido em cada folha. Pegue uma frigideira, coloque sobre ela as folhas com os pedidos escritos e leve ao fogo. Com uma colher de pau, vá amassando as folhas até queimarem por completo. Um cheiro forte de louro vai subir, acompanhado inclusive de fumaça. Deixe as folhas esfriarem e amasse-as bem, até virarem pó. Vá até uma janela e assopre seus pedidos para o universo. Essa simpatia pode ser repetida muitas vezes, até que os desejos sejam realizados. É mais potente quando feita em lua crescente.

Para Maria Madalena auxiliar nos novos começos

Seguidora fiel de Jesus, Maria Madalena foi a primeira a vê-lo ressuscitado. No início de cada ano, relacionamento ou trabalho, limpe um quilo de arroz, separe sete grãos sujos e vá a um lugar bonito ou a um parque para fazer uma oração a Maria Madalena. Despreze os sete grãos de arroz na natureza e peça à santa que ilumine seu novo começo.

Para atrair viagens

Na Colômbia, no Peru e na Venezuela, logo depois da meia-noite do dia 31 de dezembro, as pessoas saem pelas ruas com uma mala (pode ser vazia) e dão uma volta pelo quarteirão. Enquanto passeiam, acenam para quem cruzar com elas, como se estivessem se despedindo para viajar, depois voltam para casa. Com isso, atraem viagens para o ano inteiro.

Sapatos empilhados

Quando você tira o sapato e um fica em cima do outro, é sinal de que vai viajar em breve.

Para Santa Clara trazer sol

No dia em que tiver planejado uma festa, uma reunião ou qualquer atividade ao ar livre, coloque um ovo no telhado para Santa Clara e repita: "Santa Clara clareou, São Domingos alumiou, vai chuva, vem sol, vai chuva, vem sol".

Para Nossa Senhora das Graças atender um pedido

No dia 27 de novembro, pegue onze medalhinhas de Nossa Senhora das Graças e pendure uma como pingente em um colar. Outra opção é prendê-la na roupa íntima ou do lado de dentro de qualquer peça com um alfinete. Reze uma Ave-Maria e faça seu pedido. Depois, acenda uma vela branca e, com as dez medalhinhas restantes em mãos, reze dez Pai-Nossos e dez Ave-Marias, pedindo que a santa proteja as medalhas. Deixe-as no seu cantinho de oração e, quando conseguir a graça, distribua-as para quem precisar.

Para Frei Galvão conceder uma graça

No dia 11 de maio de 2007, em uma viagem ao Brasil, o então papa Bento XVI canonizou Antônio de Sant'Anna Galvão, o primeiro santo natural do país. Frei Galvão, como é conhecido pelos fiéis, nasceu em

Guaratinguetá, em 1739. O franciscano, devoto de Nossa Senhora, viveu entre sua cidade natal e São Paulo e, ainda em vida, era muito estimado e possuía muitos seguidores.

Sabe-se que o parente de um homem que sofria de dores terríveis, provavelmente causadas por cálculo renal, procurou o religioso pedindo ajuda. Por inspiração de Nossa Senhora, Frei Galvão teria escrito a frase *"Post partum, Virgo, inviolata permansisti. Dei Genitrix intercede pro nobis"* [Depois do parto, ó Virgem, permanecestes intacta. Mãe de Deus, intercedei por nós] em uma tirinha de papel, enrolado-a em forma de pílula e mandado que o homem tomasse. Depois de ingeri-la, ele sarou. Algum tempo depois, um marido desesperado também o procurou pedindo ajuda, pois a mulher passava por uma gravidez difícil. Frei Galvão, de novo, escreveu a frase em uma tirinha de papel, enrolou-a em formato de pílula e mandou que ela tomasse. O parto transcorreu em paz.

As pílulas de Frei Galvão se tornaram famosas, e ele designou a tarefa de confeccioná-las às irmãs da Ordem da Imaculada Conceição, que vivem no Mosteiro da Luz, em São Paulo, cuja edificação ele mesmo projetou e ajudou a construir. As pílulas são feitas em espírito de oração por freiras enclausuradas e até hoje são distribuídas no mosteiro gratuitamente. As irmãs também mandam pílulas pelo correio àqueles que enviam um envelope, devidamente selado, com o próprio endereço completo e letra legível para: Mosteiro da Luz; Av. Tiradentes, 676 – Luz – São Paulo-SP; CEP: 01102-000

Muito procurado por mulheres que querem engravidar, mas também para conceder todo tipo de graça, Frei Galvão atende a todos os pedidos daqueles que rezam a oração a seguir por nove dias, ou seja, uma novena, acompanhada da ingestão de uma pílula milagrosa no primeiro dia, uma no quinto e outra no último. Depois da oração, é preciso rezar um Pai-Nosso, uma Ave-Maria e um Glória ao Pai.

NOVENA À SANTÍSSIMA TRINDADE PARA ALCANÇAR GRAÇAS ATRAVÉS DA INTERCESSÃO DO SANTO ANTÔNIO DE SANT'ANNA GALVÃO

Santíssima Trindade, Pai, Filho e Espírito Santo, eu Vos adoro, louvo e Vos dou graças pelos benefícios que me fizestes. Peço-Vos, por tudo o que fez e sofreu o Vosso Santo Antônio de Sant'Anna Galvão, que aumentais em mim a fé, a esperança e a caridade, e Vos dignais conceder-me a graça que ardentemente almejo. Amém.

Para Santa Teresinha do menino Jesus confirmar um pedido

Em 1897, quando morreu, aos 24 anos, Santa Teresinha prometeu que faria "cair uma chuva de rosas sobre o mundo". As rosas simbolizam a intercessão da santa por todos os que a procuram em oração. Quando estiver inseguro ou aflito, peça a ela que lhe envie um sinal.

Se você receber rosas ou flores nos dias subsequentes, significará que a santa confirmou sua dúvida ou vai providenciar a solução para seu problema.

Para São José conceder uma graça

Todo ano, no dia 19 de março, São José concede uma graça a quem recorre a ele. Para alcançar o favor do santo, escreva em uma folha de papel o nome de todas as frutas de que conseguir se lembrar, depois recorte-os e dobre-os, como se fossem para o sorteio de um amigo-secreto. Com fé, peça ao santo o que deseja e sorteie um dos papéis. Você pode rezar uma Ave-Maria e um Pai-Nosso nessa hora, se quiser. A fruta sorteada não deverá ser ingerida — nem mesmo em doces, sucos ou outros tipos de receita — até o dia 19 de março do ano seguinte. Mesmo se o pedido for realizado antes da data, mantenha a promessa até o próximo dia de São José.

Para Santa Rita de Cássia atender um pedido

Faça esta simpatia à noite. Calce um par de meias pelo avesso e fale três vezes o nome de Santa Rita de Cássia em voz alta. Depois, peça o que deseja, diga "ficarei muito contente se meu pedido for realizado" e sorria. Na manhã seguinte, reze um Pai-Nosso e uma Ave-Maria, vire as meias para o lado certo e use-as normalmente.

Para o Espírito Santo conceder uma graça

Tenha sempre uma imagem do Espírito Santo — a pomba branca — em sua casa. Quando precisar de uma graça, fique diante dela, repita a seguinte oração e depois expresse o seu pedido. Faça isso por três dias consecutivos.

NO REINO DO ESPÍRITO SANTO, TODOS SÃO COROADOS SENHORES

Espírito Santo, Você que me faz ver tudo e me mostrou o caminho para alcançar meus ideais, Você que me deu o Dom Divino para perdoar todo o mal que for feito para mim, e Você que está em todas as instâncias da minha vida. Quero agradecer por tudo e confirmar com Você mais uma vez que eu nunca quero me separar de Você, não importa quão grande seja o desejo material. Quero estar com Você e com meus entes queridos em Sua glória perpétua.
Amém.

Para os Reis Magos atenderem três pedidos

SOBRE OS REIS MAGOS

Os Sábios, ou Magos, são citados no segundo capítulo do Evangelho de Mateus. Depois do nascimento de Jesus, eles teriam chegado a Jerusalém e perguntado: "Onde está aquele que é nascido rei dos judeus?

Porque vimos a sua estrela no Oriente, e viemos adorá-lo" (Mateus 2,2). A Bíblia não diz quantos eram ou quem eram os magos.

Entre os séculos VI e VII, São Beda, conhecido como "o Venerável", publicou *Excerpta et Colletanea*, um dos primeiros tratados que define a quantidade de magos e cita seus nomes. Segundo a obra, Belquior (ou Melquior) era um ancião europeu, de cabelos e barbas brancos e aproximadamente sessenta anos de idade, que levou um cofre de ouro, reforçando a realeza de Jesus Cristo. Baltazar era negro, um homem maduro, de quarenta anos, que chegou com incenso para comprovar a divindade do recém-nascido. Gaspar, asiático, imberbe e o mais jovem dos magos, tinha por volta de vinte anos e trouxe mirra, símbolo de morte e redenção. Naquela época, conhecia-se apenas essas três etnias, e as idades de vinte, quarenta e sessenta anos eram marcos importantes na existência de uma pessoa.

Na biblioteca do Vaticano há um documento ainda mais antigo, do século II, que afirma que os magos são descendentes diretos de Set, terceiro filho de Eva e Adão. Ele teria deixado uma profecia dizendo que seus descendentes deveriam seguir uma estrela que surgiria no Oriente e cujo brilho escureceria o Sol.

Desde então, surgiram muitas interpretações sobre quem eram os visitantes de Jesus.

O Dia de Reis, 6 de janeiro, quando acontece a festa da Epifania, celebra a revelação de Deus Pai aos homens da Terra sobre a divindade de Seu Filho. Em muitos países europeus, costuma-se dar os presentes de Natal somente no Dia de Reis. No Brasil, a festa ganhou muitos nomes – como Reisado, Folia de Reis e Dia de Santos Reis – e envolve danças e cantorias. Nesse mesmo dia, depois de o sol baixar, convencionou-se desmontar os presépios e as árvores de Natal.

Veja também na página 151 como pedir que os três reis protejam sua casa.

No dia 6 de janeiro, os três Reis Magos concedem três graças. Para alcançá-las, pense em três pedidos, pegue três sementes de romã e separe uma cédula de valor baixo. Suba em um banco ou em uma cadeira e diga em voz alta: "Eu te saúdo, rei Gaspar, e te peço que me dês para ter e para dar", depois coma o primeiro caroço de romã, faça o primeiro pedido e coloque a semente sobre a cédula. Em seguida, diga: "Eu te saúdo, rei Baltazar, e te peço que me dês para ter e para dar", então coma a polpa do segundo caroço e faça o segundo pedido. Repita o mesmo com o terceiro caroço, trocando o nome do rei para Belchior. Embrulhe as três sementes na cédula e mantenha-a dobrada em sua carteira até a mesma data do ano seguinte. Quando o dia chegar, jogue-a no mar, em um rio ou em um fluxo de água corrente.

A promessa também pode ser feita na virada de 31 de dezembro para 1º de janeiro.

09

– A –
TRADIÇÃO DA IOGA

Acredita-se datar do século II ou III a.C. o primeiro compilado de escritos sobre a teoria e a prática da ioga. Na obra *Os yoga sutras de Patanjali* estão descritos os oito passos para se tornar um iogue e as posturas, respirações, mudras e sons capazes de nos conectar aos melhores sentimentos. Segundo os escritos, essas práticas também podem atrair sorte, riqueza e prosperidade, limpar más energias, elevar níveis espirituais e ajudar no combate à insônia, à ansiedade e à hiperatividade.

Centenas de anos depois, inúmeros estudos feitos por estudiosos da medicina chinesa comprovam que manter certas posturas por um tempo determinado auxilia na compressão e extensão de tecidos, órgãos, nervos e meridianos, gerando benefícios físicos e terapêuticos, além de influenciar positivamente a mente e as emoções.

A seguir, você vai encontrar algumas dessas poderosas posições da ioga que vale a pena praticar para ter uma vida mais saudável, com sorte, autocompaixão e mais próxima do divino.

Postura auspiciosa

SVASTIKASANA

Como fazer

Sente-se no chão ou sobre uma superfície firme, de pernas cruzadas. Encaixe um dos pés entre a panturrilha e a coxa oposta, e tente fazer o mesmo com o outro, de forma a esconder todos os dedos, deixando visível apenas um dos calcanhares. Sinta seus ísquios tocando a superfície sobre a qual está sentado e relaxe os quadris. Apesar de as escrituras antigas não mencionarem, muitos professores recomendam se sentar sobre uma pequena elevação (almofada ou manta dobrada), incentivando os joelhos a descerem e os quadris a se abrirem de forma suave.

Alinhe o tronco e mantenha a coluna ereta, permitindo que os impulsos nervosos fluam livremente em direção ao cérebro. A cabeça deve estar equilibrada acima do tronco e o queixo, paralelo ao chão. Relaxe os ombros, eliminando qualquer tensão na região do pescoço, e descanse as mãos sobre as pernas. Se quiser, faça o Jnana Mudra ou o Chin Mudra (confira como realizar esses

gestos na página 33). Por fim, relaxe os músculos do rosto.

Benefícios

Apesar de estática, essa postura afeta o corpo inteiro. Ela estimula os nadis (canais de energia sutil) que ficam na parte de trás das pernas, por onde passa o meridiano da bexiga, um dos canais energéticos mais utilizados na acupuntura. Os nadis levam a energia para os centros, ou seja, para os chakras da coluna vertebral, e de lá o prana (ou "chi", como a energia vital é chamada pelos chineses) é distribuído para todo o corpo.

Essa postura estimula a fertilidade, a criatividade, a esperança e os bons agouros.

Pranayamas

A palavra "pranayama" é a combinação do sânscrito *prāṇā* com *yāmaḥ*. *Prānā* remete à constância ou a uma força em contínuo movimento e pode ser traduzida para o português como "força vital", que nos dá vida e a sustenta. Já *yāmah* quer dizer "controle" ou "restrição" e, combinada à palavra *prāṇā*, tem o sentido de "capacidade prânica".

Se você nunca praticou um pranayama é recomendável começar se familiarizando com sua respiração. Para isso, deite-se no chão em savasana, a postura do cadáver — de barriga e palmas viradas para cima, e braços e pernas soltos —, depois relaxe todo o corpo. Fechar os olhos, evitando distrações visuais externas, pode ajudar a voltar sua atenção para as sensações físicas e para a respiração.

Leve a consciência para sua respiração e acompanhe o caminho que ela faz: o ar tocando suas narinas ao inspirar, e depois descendo pela traqueia até chegar aos pulmões. Durante a inspiração, sinta os pulmões se expandindo, o abdômen subindo e uma leve tensão surgindo na região do seu peito.

Ao expirar, sinta o abdômen descendo, os pulmões contraindo e o corpo todo relaxando, enquanto o ar faz o caminho contrário, passando pela traqueia e saindo pelas narinas.

Deixe a respiração ocorrer naturalmente, sem controlá-la. Sinta o efeito que ela surtiu no seu corpo.

Realize o exercício durante cinco a dez minutos. Quando você estiver mais consciente da sua respiração e conseguir regulá-la perfeitamente, pode praticar sentado também.

A seguir, algumas técnicas de pranayama.
É recomendável treiná-las de estômago vazio, o que também se aplica às ássanas (ou posturas) e aos mudras.

Respiração alternada

NADI SHODHANA

Como fazer

Sente-se com a coluna ereta. Se optar por uma cadeira, mantenha as costas afastadas do encosto e as solas dos seus pés plantadas no chão.

Se optar pelo chão, pode ser útil elevar um pouco os quadris, apoiando-os em uma almofada firme. Seja qual for a postura que você adote, o objetivo é manter a coluna ereta, a cabeça alinhada acima do tronco e o peito aberto e livre para facilitar a respiração.

Passo 1: use o polegar direito para fechar a narina direita e inspire pela narina esquerda. Depois, feche a narina esquerda com o dedo anelar direito e expire pela narina direita. Repita esse procedimento dez vezes.

Passo 2: agora, faça o contrário. Inspire apenas pela narina direita e expire apenas pela esquerda. Repita o procedimento mais dez vezes.

Pratique de cinco a dez ciclos (cada um consiste em dez respirações do passo 1 e dez respirações do passo 2), tentando igualar o tempo que você leva para inspirar e expirar.

Benefícios

Em sânscrito, *shodhana* significa "purificar". Esta respiração também é chamada de "pranayama para purificação dos nadis", pois ativa e harmoniza os nadis *ida* e *pingala*, beneficiando o sistema nervoso. Todas as escrituras antigas que explicam os pranayamas recomendam que a prática seja realizada lentamente e com cautela, por causa dos seus efeitos poderosos no sistema nervoso.

Além disso, a respiração alternada equilibra o feminino

(lado esquerdo) e masculino (lado direito) do nosso corpo, ativando os dois hemisférios cerebrais.

Respiração para limpeza do crânio

KAPALABHATI

Como fazer

Sente-se com a coluna ereta e relaxe os ombros. Mantenha a cabeça alinhada acima do tronco.

Faça uma inspiração lenta e profunda e, logo em seguida, solte todo o ar numa primeira expiração curta e potente pelas duas narinas até que a inspiração ocorra naturalmente, como resultado da expiração forçada. Como as respirações são relativamente rápidas, as narinas produzem um som não muito forte enquanto o ar entra e sai por elas.

O corpo deve permanecer firme, com o peito e os ombros parados enquanto apenas os pulmões, o diafragma e o abdômen se movimentam. Para saber se está realizando a respiração da forma correta, você pode observar se o seu abdômen está se contraindo na expiração e relaxando — o que dá a impressão de projeção para fora — na inspiração.

Comece com dois ciclos de vinte respirações cada um. Você pode ir aumentando a quantidade de respirações de dez em dez por semana até chegar a dois ciclos de sessenta respirações.

A inspiração deve ser espontânea e não forçada, para evitar hiperventilação. É importante também não sentir falta de ar depois de expirar. O *kapalabhati* deve ser feito em uma intensidade confortável para que você consiga repeti-lo sessenta vezes.

Benefícios

Nas escrituras antigas da ioga, a técnica *kapalabhati* também aparece com o nome de *bhalabhati*. *Bhala* tem o mesmo significado de *kapal*, ou seja, "crânio" ou "parte frontal da cabeça". *Bhati* quer dizer "luz" ou "esplendor", mas também "percepção" e "conhecimento".

No Hatha Yoga, o *kapalabhati* é considerado um *shatkarma*, ou seja, uma das técnicas de limpeza utilizadas para eliminar desequilíbrios no corpo, como excesso de gordura, muco no trato respiratório ou gases no estômago e intestino. O *kapalabhati* também ajuda as células e os pulmões a expelirem mais dióxido de carbono do que a respiração normal, tornando-o uma ótima técnica para se praticar depois de qualquer exercício físico. Além disso, essa prática revigora o cérebro, acordando áreas "dormentes" responsáveis pela percepção de energias sutis.

Assim como um fole, o *kapalabhati* assopra o nosso fogo interno, deixando-o mais forte e aquecendo o nosso corpo físico e energético.

10

– PARA –

PROBLEMAS E CAUSAS URGENTES

GANESHA MUDRA

Gesto para superar todos os obstáculos

GANESHA MUDRA

Como fazer

Traga a mão esquerda à frente do peito, com a palma voltada para fora, e dobre os dedos. Agarre a mão esquerda com a direita, cujo dorso fica voltado para fora, enganchando os dedos uns nos outros. Faça o gesto no centro do peito.

Ao expirar, puxe as mãos em direções contrárias com vigor, sem soltá-las, e na inspiração relaxe toda a tensão. Repita o movimento seis vezes e, em seguida, descanse as mãos no esterno, mantendo o gesto. Volte sua atenção para as sensações que estão ocorrendo nessa região do corpo. Depois, inverta a posição das mãos, com a palma da mão direita voltada para fora, e repita o exercício seis vezes.

Significado

Ganesha, representado por uma cabeça de elefante em um corpo humano com uma barriga generosa — que tem capacidade de digerir tudo de bom e de ruim que a vida traz —, é um dos deuses mais venerados do hinduísmo. Por ser conhecido como o deus "removedor de obstáculos", Ganesha é reverenciado quando as pessoas começam um novo projeto ou empreendimento, ou mudam para uma nova residência. Os devotos acreditam que ele traz prosperidade, sucesso e proteção contra adversidades.

Mas Ganesha não remove apenas obstáculos materiais. Acredita-se que ele também nos ajuda a superar nossos medos, dúvidas e inseguranças, barreiras criadas por nós mesmos.

Benefícios

Este mudra estimula o coração e a atividade cardiovascular, além de auxiliar no funcionamento dos pulmões e do sistema respiratório.

Ele também alivia tensões mentais e emocionais, trazendo coragem, confiança e abertura para as relações com outros seres humanos.

Para São Judas Tadeu conceder ajuda urgente

Primo de Jesus, Judas Tadeu foi um dos doze apóstolos e, muitas vezes, é confundido com o seu homônimo, Judas Iscariotes, o traidor. Por isso, por muito tempo, o santo era o último a ser invocado quando as pessoas precisavam de ajuda, mas mesmo assim, sempre realizava o desejo rapidamente, cativando inúmeros fiéis. A seguir, uma oração poderosa para pedir a ajuda de São Judas, prometendo algo em troca. Muitos fiéis prometem acender uma vela de sua própria altura para agradecer à graça recebida do santo.

São Judas, estou vivendo um período muito difícil. Preciso do teu auxílio, pois estou desesperado! São Judas, prestimoso amigo de Jesus, invocado no mundo inteiro como o advogado dos casos desesperados, olha por mim neste momento. Eu imploro que me ajudes, que me tragas alívio, já que não tenho mais forças para suportar. Qualquer solução desapareceu por completo em relação a (DIZER A SUA AFLIÇÃO). Estou necessitado, preciso do teu auxílio no Céu. Com grande confiança, tenho fé e certeza de que desaparecerão minhas atribulações por completo. Obrigado por me ajudar a obter resposta imediata no prazo de sete dias. Meu nome: (DIZER O SEU NOME TRÊS VEZES). Como devoto prestimoso, prometo em troca (FAZER A PROMESSA) oferecer de todo o coração, sem egoísmo. Amém.

Para São Judas Tadeu resolver um problema

No dia de São Judas, 28 de outubro, separe um vaso de comigo-ninguém-pode, outro de violetas e um frasco de um perfume que lhe agrade. Ao acordar, coloque o vaso de comigo-ninguém-pode na entrada de casa, pedindo que o santo proteja o seu lar, e o de violetas na sala principal, em homenagem a ele. Passe um pouco do perfume, oferecendo-o a São Judas Tadeu, e nunca mais o use. Depois, reze pedindo ao santo que resolva o problema que está afligindo seu coração.

Para Nossa Senhora desatadora dos nós ajudar a superar uma dificuldade

Se algo estiver emperrando a sua vida, espere o oitavo dia do mês, acenda uma vela branca e explique a situação para a santa. Pegue uma fita branca de trinta centímetros, segure-a com a mão direita e, enquanto reza a oração a seguir, vá alisando-a passando-a para a mão esquerda. Quando acabar, guarde-a e repita a oração no dia 8 dos próximos três meses, mesmo que sua graça seja alcançada antes.

> Ajudai-nos, ó Senhora Desatadora dos Nós, a vivermos em sintonia com o amor a Deus e ao próximo. Pede a Jesus para superarmos as dificuldades materiais, físicas, morais, psíquicas e espirituais tanto na ordem familiar como na eclesial e social.

Para São Longuinho ajudar a achar um item perdido

Diga em voz alta: "São Longuinho, São Longuinho, me ajude a achar (FALAR O QUE PERDEU) e eu dou três pulinhos". Assim que encontrar o objeto, dê os três pulinhos tirando os dois pés do chão.

Para Santo Expedito resolver uma causa urgente

Conhecido como o santo das causas urgentes, Expedito pode ser invocado para resolver qualquer situação complicada através da oração a seguir. Quando terminar, reze um Pai-Nosso, uma Ave-Maria e faça o sinal da cruz.

> Meu Santo Expedito das causas justas e urgentes,
> socorrei-me nesta hora de aflição e desespero,
> intercedei por mim junto ao Nosso Senhor Jesus Cristo.

Vós que sois um Santo Guerreiro, vós que sois o Santo dos Aflitos, vós que sois o Santo dos Desesperados, vós que sois o Santo das Causas Urgentes, protegei-me, ajudai-me, dai-me força, coragem e serenidade. Atendei ao meu pedido (FAZER O PEDIDO). Ajudai-me a superar estas horas difíceis, protegei-me de todos que possam me prejudicar, protegei a minha família, atendei ao meu pedido com urgência. Devolvei-me a paz e a tranquilidade. Serei grato pelo resto de minha vida e levarei seu nome a todos que têm fé. Santo Expedito, rogai por nós! Amém.

(REZAR UM PAI-NOSSO, UMA AVE-MARIA E FAZER O SINAL DA CRUZ.)

Depois que o pedido for realizado, exponha em local público (pode ser nas suas redes sociais) os seguintes dizeres: "Agradeço a Santo Expedito pela graça alcançada", e divulgue e ensine a oração e a forma como fazer o pedido a todos que tiverem curiosidade — esse santo gosta de agradecimentos.

Para Santa Rita de Cássia realizar um pedido difícil

No dia 22 de qualquer mês, pegue uma rosa vermelha e vá a uma igreja que tenha uma imagem de Santa Rita de Cássia. Deixe a flor no altar da santa e acenda uma vela para ela. Peça paz interior e sabedoria, e depois faça a seguinte oração:

> Ó Santa Rita, que recebeste na testa um espinho, sinal da grande Paixão de Cristo, interceda por mim junto ao Filho de Deus, para que eu possa alcançar (FAZER O PEDIDO). Mesmo que pareça impossível.
>
> (REZAR UM PAI-NOSSO E TRÊS AVE-MARIAS, E SAIR DA IGREJA FAZENDO O SINAL DA CRUZ.)

Para superar problemas e vencer dificuldades

Em uma vela branca, escreva com caneta hidrocor palavras que sintetizem algo que você precisa superar (desemprego, aluguel, dívidas, relacionamento ruim no trabalho, sobrepeso, falta de amor). Deixe a vela queimar até o fim e jogue o resto do pavio e da cera no lixo. Repita o ritual até resolver os problemas. Quando feita em lua minguante, essa simpatia é mais potente.

3 dicas para escolher
uma pedra > p. 105

Limpeza simples de
cristais > p. 111

11

– PEDRAS –
E CRISTAIS

Formados através de um processo natural que levou bilhões de anos para acontecer, os cristais e as pedras nos conectam com o que é essencial, com o impulso primeiro da vida. Eles carregam informações sobre a formação e a evolução do planeta e emitem energias primordiais poderosas. Nos tempos antigos, eram usados para tudo, especialmente na composição de remédios. Os Médici, da Itália, uma das primeiras famílias burguesas a ascender graças ao dinheiro ganho no comércio e nos bancos, produzia também remédios à base de minerais.

Intuitivamente, sempre sabemos de qual pedra precisamos. Abra-se para a ressonância do cristal que vai fazer parte da sua vida e escute o chamado da pedra antes de incorporá-la à sua rotina.

O Brasil é um dos países com maior diversidade de pedras e cristais, e nós podemos aproveitar a proximidade com esse recurso natural para harmonizar as energias que nos rodeiam e nos guiam. Use-os na bolsa, próximo ao seu corpo, dentro do bolso, durante as meditações ou em pontos estratégicos da sua casa.

3 dicas para escolher uma pedra

1. Observe o formato: olhe a pedra e pense no que você quer para a sua vida. Deseja expansão? Força? Crescimento? Tente associar o formato ao seu desejo.

2. Pense sobre a coloração: relacione a cor da pedra à natureza. As mais escuras e opacas aproximam você de quê? As transparentes transmitem quais sentimentos? E as mistas?

3. Siga sua intuição: escute com respeito o que o seu corpo pede ao olhar para uma pedra. Saiba que elas não são para todo dia. Há momentos em que determinada pedra vai ajudar e momentos em que ela pode acalmar ou agitar demais o seu estado de espírito. Aí, é hora de passar para outra. Lembre-se de que você sempre pode voltar para a antiga quando precisar da mesma vibração.

Uma vez que nos abrimos para a pedra que vai nos acompanhar, entendemos intuitivamente o que ela traz e começamos um trabalho energético com ela. A seguir, algumas sugestões de pedras e os significados mais comuns associados a elas. Não se esqueça de que os cristais também podem ter significados diferentes para cada pessoa.

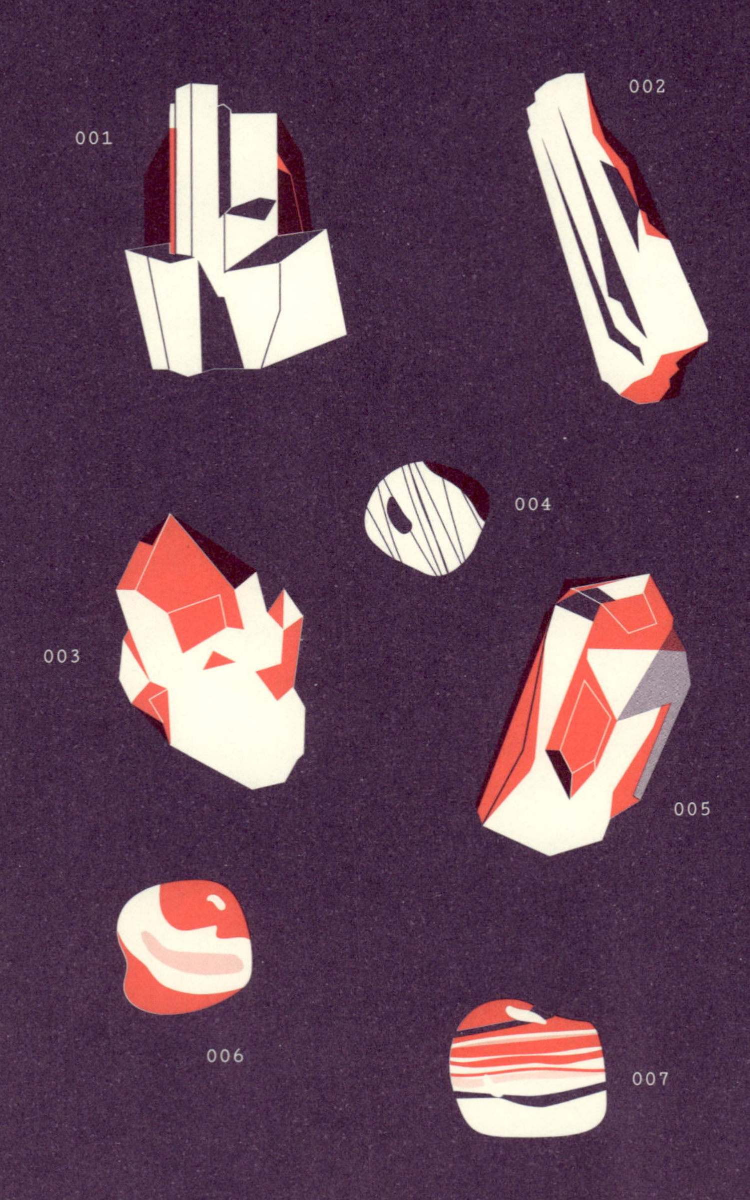
001
002
004
003
005
006
007

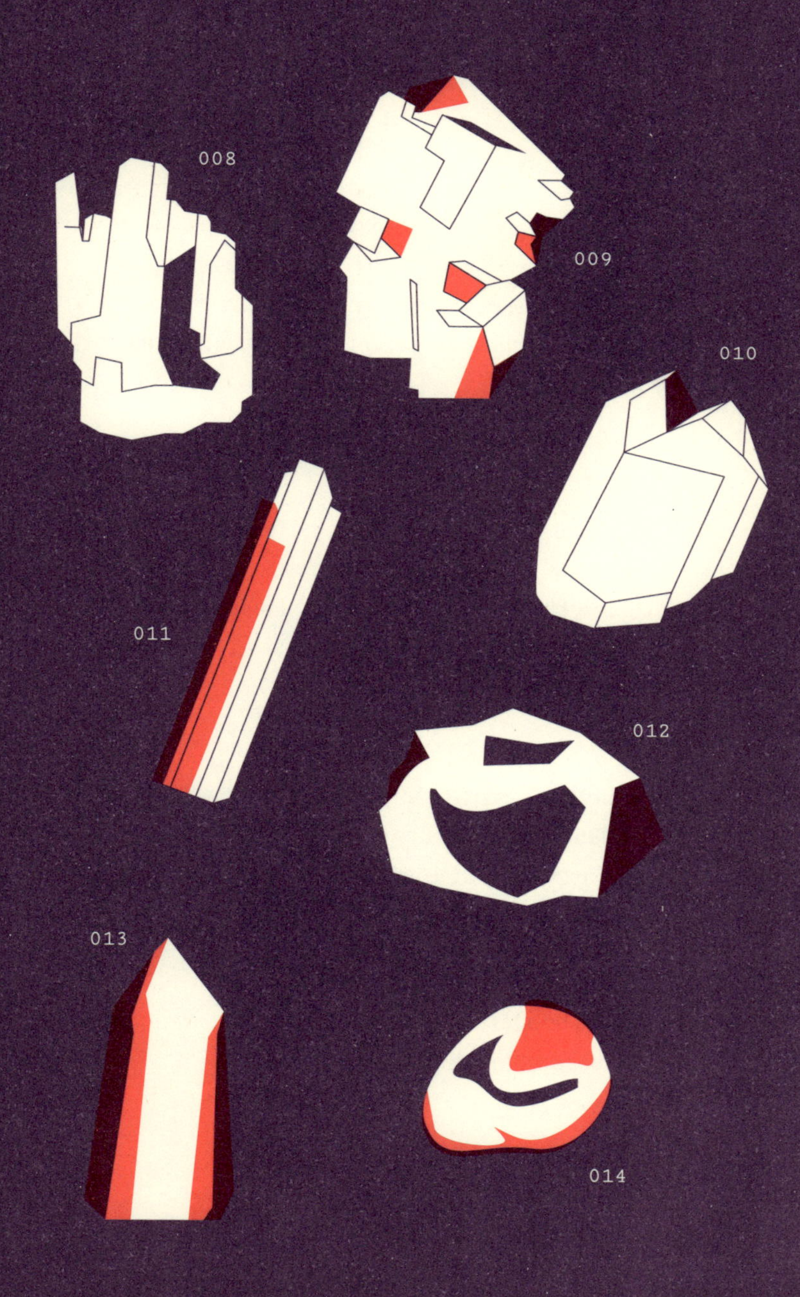

008
009
010
011
012
013
014

1

Turmalina preta

Cria proteções e purifica as energias como poucas pedras podem fazer. Além de tê-la na bolsa, também vale posicionar uma na entrada de casa para evitar que energias negativas entrem. Ajuda a eliminar pensamentos repetitivos e favorece o fluxo energético.

2

Cianita azul (ou pedra do Arcanjo Miguel)

Pode ser carregada dentro da carteira, e é uma pedra de grande proteção e conexão espiritual, pois está relacionada ao Arcanjo Miguel e a São Jorge, ótimos no manejo da espada e na proteção das pessoas.

3

Quartzo rosa

Estimula o amor-próprio e a autoestima. Só podemos amar o outro quando estamos bem com nós mesmos. Ótimo cristal para ter junto de você e para tratar feridas emocionais.

4

Citrino

Atrai abundância, prosperidade, empoderamento pessoal, materialização e assimilação.

5 **Água-marinha**

Facilita o desenvolvimento de uma boa comunicação, acalma e relaxa.

6 **Ametista**

Aproxima-nos do plano espiritual, materializando-o. Também ajuda a fortalecer a intuição e é uma aliada nos processos de transformação pessoal e de libertação de crenças limitantes. Ter uma drusa de ametista na sala de estar estimula a amizade, e nos banheiros auxilia na limpeza energética.

7 **Cornalina**

Inspira vitalidade, coragem, confiança, criatividade e ação.

8 **Esmeralda**

Atrai o amor e a verdade.

9 **Pirita**

Traz fertilidade, confiança e expansão. Desde a Antiguidade, está ligada à sorte e à prosperidade. Boa para ter no escritório e no ambiente de trabalho.

10 Cristal tântrico

Ajuda a atrair e a desenvolver bons relacionamentos, não somente amorosos. Ótimo para cultivar parcerias de todo tipo. Trata-se de um cristal que nasce da mesma base, mas tem duas pontas. Pode ser usado em casa ou em escritórios que incluam sócios.

11 Selenita

Auxilia na limpeza de outros cristais que estiverem em contato com ele, além de canalizar a vibração pura do universo. É uma das poucas pedras que não precisam ser purificadas de tempos em tempos e pode ser usada em todos os lugares, levando tranquilidade e paz.

12 Shungite

Protege os seres humanos e os animais das radiações eletromagnéticas emitidas por redes de wi-fi e aparelhos celulares. Para maior eficácia, a pedra tem de ficar entre as pessoas e o roteador ou aparelho eletrônico. Há pequenas placas adesivas confeccionadas com essas pedras que podem ser coladas nos celulares. Também chamada de cristal da Nova Era, a shungite é autopurificadora e libera bloqueios, ativando o fluxo energético.

13

Lápis-lazúli

Ajuda a acalmar a mente e a nos aproximar da essência e da sabedoria divinas que existem em cada um de nós. Os egípcios e os cristãos a consagravam à deusa Ísis e à Nossa Senhora, respectivamente. Ela também é citada na Bíblia como a pedra em que está esculpido o trono de Deus. Rica em enxofre, foi muito usada pelos egípcios como remédio e, em vários países europeus, para conseguir o pigmento azul.

14

Hematita

Auxilia no sono, na boa circulação do sangue e no combate à anemia, uma vez que é rica em ferro.

Limpeza simples de cristais

O verão é melhor época do ano para limpar e reenergizar os cristais. Mergulhe-os em água com sal por poucas horas, e depois deixe-os secando ao sol durante uma manhã inteira.

12

– PARA –

RELACIONAMENTOS E QUESTÕES FAMILIARES

Para amansar alguém

Escreva o nome da pessoa a ser amansada em um pedaço de papel. Coloque-o, virado para baixo, dentro do sapato do pé esquerdo. Calce o sapato e, pisando no chão, diga estas palavras: "Assim como Santo Amanso amansou o carneiro embaixo do pé esquerdo, (DIZER O NOME DA PESSOA) vai ser amansado debaixo do meu pé esquerdo". Ao final do dia, tire o papelzinho de lá e jogue no lixo.

Para encontrar um amor

Em uma folha em branco, escreva seu nome e logo abaixo: "Quero encontrar um novo amor e ser muito feliz". Passe perfume de rosas ou de jasmim no papel, depois use-o para embrulhar uma pedra cor-de-rosa ou vermelha, as cores que atraem o amor. Nos três dias seguintes, mostre a pedra a três pessoas de sua confiança e explique a simpatia. No quarto dia, enterre o papel em um vaso ou no quintal da sua casa. Mantenha a pedra sempre com você. Quando se esquecer dela, seu amor vai estar bem perto.

Para ficar com a pessoa amada

Escreva o nome da pessoa amada na sola do pé esquerdo e pise no chão, dizendo: "Debaixo do meu pé esquerdo eu te prendo (DIZER O NOME DA PESSOA), eu te amarro (DIZER O NOME DA PESSOA), eu te mantenho (DIZER O NOME DA PESSOA), pelo poder das treze almas benditas. Assim seja".

Para um(a) ex-namorado(a) voltar

Esmague um dente de alho, embrulhe em um papel e diga: "Que seu pensamento fique esmagado como este alho e te leve a me procurar de imediato". Quando seu amor voltar, descarte o embrulho perto da sua casa ou em um vaso de plantas.

Para a pessoa amada vencer a timidez

Numa noite de lua crescente ou de lua cheia, escreva em um papel o nome da pessoa em quem você tem interesse e cuja timidez está atrapalhando o desenvolvimento de um relacionamento. Use o papel para embrulhar por completo um dente de alho e coloque-o embaixo de um móvel bem pesado. É importante ouvir o alho sendo esmagado nesse momento. Então diga: "Da mesma forma que o móvel esmaga o alho, a timidez e a falta de coragem de (DIZER O NOME DA PESSOA) serão esmagadas pelo desejo de me procurar". Retire o alho dali somente depois que a pessoa procurar você, e despreze o embrulho na natureza. Se a simpatia não funcionar de primeira, repita-a em outra noite, mas nunca a faça durante uma lua nova ou minguante.

Para arranjar um marido ou uma esposa

No dia de Santo Antônio, 13 de junho, pegue uma imagem dele em que o menino Jesus possa ser removido e leve-a a uma igreja. Acenda uma vela branca e peça uma pessoa com as características que você gosta (não se esqueça do bom humor!). Ao voltar para casa, separe o menino Jesus de Santo Antônio e diga que só o devolverá quando encontrar a pessoa amada.

Caso não tenha uma imagem que possibilite isso, leve a que tiver em casa à igreja. Quando voltar, coloque o santo de cabeça para baixo dentro de um sapato velho e diga que vai tirá-lo dali somente depois de arranjar um amor. Quando seu pedido for cumprido, não se esqueça de tirar Santo Antônio do sapato ou de devolver a ele o menino Jesus.

Para conseguir uma pista do futuro amor

Filho de Isabel e primo de Maria, João Batista reconheceu as qualidades de Jesus desde que viu Maria grávida e, anos depois, o batizou. As festas mais animadas do Nordeste e do Norte do Brasil são oferecidas a ele. Na véspera de seu dia, o santo dá pistas aos solteiros sobre com quem eles vão casar. Para isso, na noite de 23 de junho, espete uma faca no tronco de uma bananeira. Na manhã seguinte, ao acordar, retire a faca e a letra que estiver no tronco da árvore é a inicial do nome de quem o(a) fará feliz. Se você não tiver uma bananeira por perto, também na véspera coloque papéis dobrados com o nome de todas as pessoas que lhe interessem em uma bacia com água. Na manhã seguinte, você vai descobrir que a pessoa cujo nome estiver no papel que se abrir também está interessada em você.

Para sonhar com o(a) futuro(a) companheiro(a)

Por sete sextas-feiras consecutivas, conte sete estrelas no céu antes de dormir. Na última sexta-feira, você vai sonhar com a pessoa que vai se tornar sua companheira na vida.

Para marcar a data do casamento

Visite uma amiga grávida e marque um encontro com a pessoa amada para logo em seguida. Leve uma lembrancinha para o bebê e, antes de ir embora, passe a mão na barriga de sua amiga sete vezes, mas não a lave depois. Ao ver seu amor, passe a mesma mão no coração dele outras sete vezes, sem explicar nada.

Para ter sorte no casamento

1. Ter ramos de alecrim entre os arranjos de flores da cerimônia de casamento vai atrair felicidade e amor intenso e verdadeiro ao casal.

2. No dia do casamento, as noivas devem usar algo novo, algo velho, algo emprestado e algo azul.

O costume de trocar de alianças é praticado desde a Antiguidade e foi disseminado pela cultura hindu. A forma circular do anel remete ao amor contínuo e infinito, e normalmente usamos a aliança no dedo anelar esquerdo porque, segundo a medicina tradicional chinesa, o meridiano do coração passa por ele.

Nos tempos antigos, as mulheres costumavam usar branco na cerimônia de casamento, mas depois da Idade Média passaram a escolher o vestido mais bonito que possuíam, muitas vezes vermelho. Foi depois que a rainha Vitória, da Inglaterra, usou um vestido branco no dia da sua união com o príncipe Albert, seu primo, que a moda pegou. Cerca de três séculos antes, Mary Stuart, da Escócia, e Maria de Médici, da França, também haviam escolhido vestidos brancos para se casar, mas foi Vitória, umas das primeiras nobres a se casar por amor, que virou referência. O ano era 1840 e a cerimônia aconteceu na capela do Palácio de St. James, em Londres.

Uma das rainhas mais populares da história, Vitória também foi a primeira que ordenou que se tocasse numa cerimônia de casamento – de sua filha mais velha, que também se chamava Vitória – a marcha de Felix Mendelssohn (a conhecida marcha nupcial), um de seus compositores favoritos. A música fazia parte da trilha sonora da peça *Sonho de uma noite de verão*, de Shakespeare, muito encenada na época.

Também começou na Inglaterra o hábito de a noiva usar algo velho, para lembrar a importância dos antepassados; algo emprestado, símbolo da ajuda dos amigos; algo novo, para atrair novas experiências e felicidade para a próxima fase da vida; e algo azul, representando a pureza e, junto com o véu, a proteção contra a inveja. Além disso, as noivas inglesas costumam usar uma moeda dentro do sapato. A prática teve início com os pais jogando uma moedinha de prata dentro dos sapatos das noivas antes de elas calçarem, com o intuito de lhes desejar sorte e felicidade financeira na nova jornada.

3 simpatias para arranjar casamento

1. Os solteiros que quiserem se casar devem pedir para colocar seus nomes na barra do vestido de uma noiva.

2. Depois de cortar o bolo, a noiva deve jogar o buquê. A pessoa que pegá-lo vai ser a próxima a se casar.

3. Outra forma para saber quem serão os próximos a se casar é colocar pedaços de papel com os nomes dos solteiros no sapato esquerdo da noiva no dia da cerimônia religiosa. Os nomes cujas letras estiverem borradas depois da festa estão mais próximos de dizer "sim" ao parceiro.

O costume de entrar na igreja com um buquê surgiu na Idade Média, quando as noivas recebiam flores no trajeto de suas casas até o local da cerimônia. Depois, o buquê era usado para perfumar a morada do casal.

Melhores flores para os buquês de noiva

O buquê da noiva é um elemento de proteção ao casal. Para afastar as más energias, as flores devem ser cheirosas e frescas. Use **orquídeas** para atrair beleza e elegância; **rosas** para amor, magia e paixão; **flores miúdas** vão garantir prosperidade e fertilidade e as folhas da **hera** trarão fidelidade e laços sólidos para o casal. Recomenda-se evitar gerânios, hortênsias e margaridas nos buquês porque atraem frivolidade.

Para São Jorge proteger o relacionamento

Sempre que ouvir um trovão, peça a São Jorge que leve junto com os raios todas as tensões, mágoas e tristezas que estejam atrapalhando o seu romance. Logo depois, com muita fé, reze três Ave-Marias e um Pai-Nosso.

Para descobrir qual integrante do casal vai viver mais

Na noite de São João, pegue dois carvões de tamanhos diferentes na fogueira e coloque-os em uma bacia com água. Se os dois boiarem, vocês vão ter vida longa. Se o maior afundar, a pessoa mais alta vai morrer primeiro;

se o menor afundar, a pessoa mais baixa. Se ambos os carvões afundarem, é sinal de que vocês vão morrer em uma data próxima.

Para o Arcanjo Miguel ajudar a esquecer um amor perdido

Com uma pedra azul no bolso (veja alguns tipos na página 108), vá à igreja no domingo, em um horário sem missa. Ajoelhe-se, peça ao Arcanjo Miguel que ilumine sua vida e apazigue seu coração, e reze um Pai-Nosso. Ao sair da igreja, pegue a pedra do bolso com a mão esquerda e diga em voz baixa: "Maravilhosos são os raios solares que vêm do céu para aquecer a minha alma, façam-me esquecer um amor antigo e abram o meu coração para um novo amor. Que todos os meus problemas sejam resolvidos e só a felicidade faça parte da minha vida". Mantenha a pedra sempre com você e não deixe que as pessoas a vejam ou a toquem.

Para melhorar a relação com a sogra

Descubra o perfume de que sua sogra mais gosta. No último domingo do mês, escolha uma rosa branca muito bonita, coloque-a sobre um pires e pingue algumas gotas do perfume. Acenda uma vela branca ao lado e espere até que ela queime por completo. Depois, junte a rosa utilizada a um buquê de rosas brancas e dê de presente para a sua sogra.

Para Nossa Senhora de Fátima amansar a sogra

Coloque uma foto de sua sogra embaixo da imagem de Nossa Senhora de Fátima e peça em voz alta: "Mãe de Jesus, preciso muito que minha sogra seja doce e carinhosa. Por isso vos peço em nome do vosso bendito Filho, Jesus". Depois, reze uma Ave-Maria. Repita a simpatia por uma semana.

Para a visita ir embora

Comece a pensar em uma vassoura pequenininha, de criança, depois pense em uma vassoura de piaçava, em seguida no vassourão, na vassoura de pelo e em todas as outras de que conseguir se lembrar. Termine pensando em uma girafa de tamanho normal e em outra, grande, com as vassouras nas patas. Peça a elas que façam a visita demorada ir embora (vale também para o cônjuge que fica assistindo TV na sala em vez de ir para a cama). É tiro e queda.

Para esquecer uma pessoa ou tirá-la de sua vida

Escreva sete vezes o nome desse alguém em uma folha de papel sem pauta e coloque-a no congelador. Só tire de lá quando o papel começar a se desmanchar.

Para esquecer um amor

Escreva o nome da pessoa que você quer esquecer na areia da praia e espere até que as ondas o apaguem por completo. Quando as palavras sumirem, vá embora sem olhar para trás.

Sobre uma pessoa boa

Quando você diz o nome de alguém e, logo em seguida, esse alguém surge, significa que se trata de uma boa pessoa e que você deve mantê-la na sua vida.

13

- CHÁS -

Chá para um dia bom

COMO CULTIVAR AS MELHORES INTENÇÕES DESDE O PRIMEIRO CHÁ MATINAL

Esquente a água. Quando acrescentar a erva, lance uma intenção para o seu dia. Se quiser, diga o que deseja em voz alta.

Perto da xícara ou do bule, coloque um cristal que esteja de acordo com a intenção firmada para que ele passe suas propriedades para a água quente, ampliando seu propósito.

Mexa o chá no sentido horário para potencializar a positividade e no sentido anti-horário para afastar energias negativas.

Se quiser, pingue uma gota de um óleo essencial 100% puro na xícara, para evidenciar seus dons.

Leve o chá para um lugar quieto, que lhe traga paz, e medite enquanto a bebida esfria. Tente não pensar em nada e usufruir do silêncio.

Beba seu chá sorrindo como se o dia tivesse terminado com sua intenção realizada.

2 chás para atrair o amor

1. Em uma panela com meio litro de água, coloque um punhado de hibisco, um punhado de pétalas de uma rosa cor-de-rosa ou vermelha e três paus de canela. Ferva por cinco minutos, depois desligue o fogo, tampe a panela e deixe descansar por mais cinco. Coe, adicione uma colher de mel e beba, mentalizando o seu desejo (mesmo que não costume adoçar o chá, nesse caso o mel faz parte da receita). Se a simpatia for feita em uma noite de lua nova, ganha mais força.

2. Em uma panela com meio litro de água, coloque uma maçã vermelha cortada em quatro pedaços, três paus de canela e três anises-estrelados. Ferva por cinco minutos, depois desligue o fogo, tampe a panela e deixe descansar outros cinco. Coe, adicione uma colher de mel e beba, mentalizando o seu desejo.

14

– PARA –
O LAR

Para abençoar a casa com o sinal do infinito

O algarismo arábico 8 é o símbolo da prosperidade e da abundância. Na posição horizontal, esse número ganha mais uma força: transforma-se no infinito. Você pode usar o potencial do oito deitado para abençoar sua casa.

Entre pela porta principal, fazendo o sinal do infinito — o oito deitado — com a mão que mais usa e, enquanto isso, percorra todos os ambientes, no sentido anti-horário, entoando um mantra (de amor, paz ou saúde, por exemplo). O poder das palavras vai se associar a esse gesto mágico e o resultado vai ser especial.

Essa vibração positiva é intensa, e o ritual pode ser feito uma ou várias vezes, em diversos dias, o que é altamente recomendado. Faça quando quiser, sempre com fé, amor e alegria. As boas-novas não tardarão a chegar.

Para São Benedito trazer abundância para a casa nova

Antes de se mudar para uma casa nova, coloque em sua despensa uma imagem de São Benedito ao lado de uma garrafa de óleo, um pacote de açúcar e outro de sal. O óleo simboliza a essência de vida dos futuros moradores; o sal representa a alegria, equilibrando as energias positivas e negativas; e o açúcar vai atrair doçura ao mundo dos que ali passarem a viver, além de inspirá-los a realizar uma ação caridosa para com todos. Use os mantimentos normalmente e reponha-os sempre que possível. Essa simpatia vai garantir à sua nova casa uma despensa farta.

Para preparar a casa para uma festa ou uma visita

Antes de receber alguém em casa, prepare o ambiente. Pegue folhas de sálvia secas, queime-as em um recipiente de louça e ande em círculos por todos os cômodos, espalhando a fumacinha que as folhas exalam e pedindo que o evento seja alegre e que todos saiam felizes, leves e inspirados. Entre pela porta principal e vá passando pelas extremidades dos cômodos, até voltar para a porta de entrada. Tanto faz virar para a direita ou para a esquerda primeiro. Ouça o seu coração. Dizem os sábios que a fumaça conecta a terra e o céu. O divino vai escutar o seu pedido. Se não tiver sálvia, use alecrim ou qualquer erva cujo cheiro lhe faça bem.

Esse ritual também pode ser usado se você sentir que a energia do ambiente está pesada ou depois que pessoas que ficaram na sua casa por mais de três dias forem embora.

Para São Dimas proteger a casa

Com uma imagem ou uma medalha de São Dimas nas mãos, repita três vezes a oração a seguir enquanto anda pela casa: "Pelas chagas de nosso Senhor Jesus Cristo e pelo Seu sofrimento, peço que São Dimas proteja a minha casa de todo o mal, assaltos e sofrimentos".

Depois, reze três Pai-Nossos, três Ave-Marias e um Salve-Rainha. Coloque a imagem ou a medalha de São Dimas ao lado das chaves da sua casa ou atrás da porta principal.

Para São Pedro ajudar a achar uma casa para morar

Numa sexta-feira, abra sua Bíblia ao acaso e ofereça a leitura de pelo menos uma página inteira a São Pedro. Ao terminar, converse com ele e peça ajuda para encontrar o que você deseja — descreva quanto pode pagar, onde quer viver, o tipo de moradia etc. Quando achar a casa, agradeça ao santo e, com a chave da casa nova em mãos, reze um Pai-Nosso.

Para ter prosperidade na casa nova

Quando se mudar, pendure fitas vermelhas em vários lugares perto da entrada da casa nova — elas representam bons começos e realização de desejos. Se quiser proteção e energias positivas, pinte a porta de entrada da casa de vermelho.

Ritual com sal grosso para purificar as energias

Antes de se mudar para uma casa nova (ou assim que fizer a mudança), espalhe sal grosso em todos os cômodos. Ele vai absorver as más energias e deixar o ambiente renovado para a sua chegada. Depois de 48 horas, limpe tudo e jogue o sal fora.

Ritual com maçãs para purificar as energias

Mantenha sempre maçãs na sua fruteira, evitando deixá-las em cima da geladeira ou do micro-ondas. Elas são ótimas receptoras de energia.

Para limpar as energias negativas

Escolha um momento em que estiver sozinho em casa. Respire e pense em coisas boas, se possível de olhos fechados. Posicione uma maçã num ponto estratégico (se tiver um altar, pode colocá-la lá). Para purificar o ambiente, acenda um incenso — pode ser um simples mesmo, mas se não tiver nenhum, queime cascas de limão ou de laranja. Espete cravos na maçã e, enquanto faz isso, mentalize uma brisa agradável levando tudo o que precisa sair da sua casa e da sua vida. Aproveite o momento para pedir proteção.

O cravo vai reter as energias negativas, e a maçã vai absorvê-las. Depois de um tempo, você vai conseguir perceber como estão as energias ao seu redor. Observe como a maçã vai ficar: se apodrecer rápido ou o cheiro de cravo ficar muito intenso, a energia negativa já foi absorvida. Descarte a maçã, deixando-a na natureza.

Misture então um pouco de sal grosso (e, se tiver, algumas folhas de arruda) na água que vai usar na faxina. Se quiser, repita o ritual no dia seguinte e veja como a energia vai estar diferente.

Para limpar as energias negativas de cada mês

Durante todo o mês, sempre que descascar cebolas, guarde em um recipiente as folhas avermelhadas e finas que cobrem o vegetal. Acredita-se que elas atraiam prosperidade. No último dia do mês, coloque todas as folhas recolhidas em uma frigideira e leve ao fogo. Queime-as, amassando com uma colher de pau, até virarem um pó preto. Deixe esfriar. Vá para uma janela e assopre o pó para o infinito mentalizando alegria e prosperidade. Isso renovará as energias para o próximo mês.

Ritual com vela de baunilha para manter o alto-astral

Ingrediente principal do verdadeiro sorvete de creme, a baunilha ajuda a diminuir o estresse. Cientistas já comprovaram isso! Acenda uma vela de baunilha em casa para melhorar o astral do ambiente.

Arranjos para movimentar energias paradas

Há várias combinações para deixar a casa livre de energias ruins ou estagnadas.

Faça pequenos arranjos com as misturas a seguir e distribua-os por toda a casa. Quando estiverem secos, jogue fora.

Limão, sal e manjericão: limpam, protegem e suavizam o ambiente.

Casca de maracujá, sal e cravos: limpam, protegem e acalmam os cômodos.

Casca de laranja, sal grosso e manjericão: limpam, protegem, harmonizam e melhoram o humor.

Canela

> A certa altura do Velho Testamento, Deus manda que Moisés prepare o óleo da unção sagrada com canela e azeite e passe-o em toda a tenda da congregação. Até hoje, os rituais do *shabat* judaico incluem essa especiaria, para remeter à doçura de viver neste mundo.

Originária da China e do Sri Lanka, a canela é conhecida há muitos séculos e começou a ser empregada em rituais religiosos por ser considerada uma proteção contra as más energias e uma forma de atrair boa sorte. No Egito, usavam-na no embalsamento de mortos e, na Grécia antiga, consideravam-na sagrada e a aplicavam-na em rituais de cura, para atrair amor e prosperidade. Essa especiaria também era essencial nos ritos de passagem dos funerais romanos.

Levada para a Europa na Idade Média, a canela logo se tornou um símbolo de riqueza, pois era uma das especiarias preferidas das elites, sobretudo porque antes da invenção do refrigerador se tratava de um ingrediente indispensável para conservar carnes e outros alimentos perecíveis. Nesse período, a canela chegou a ser o item mais rentável da Companhia Holandesa das Índias Orientais e serviu até como moeda de troca.

Além de possuir propriedades energéticas, essa especiaria também é muito usada na gastronomia e na medicina ayurvédica. A canela ajuda a proteger o sistema imunológico, podendo ser aplicada para curar resfriados, dores de dente e de garganta, além de disfunções no metabolismo.
Veja a seguir o ritual da prosperidade da canela.

Rituais com canela

- Para atrair prosperidade material e afastar as energias negativas, faça uma boa faxina em casa e depois coloque uma minipitada de canela em todos os cantos, mentalizando tudo de que você precisa.

- Para afastar energias negativas, ponha uma pitada de canela em todos os ralos da casa. Essa prática também é muito recomendada depois de um banho de ervas, sal grosso ou qualquer outro tipo de ritual de limpeza.

- Para ganhar mais dinheiro, envolva um pedaço de pau de canela com um fio ou fita dourada e mantenha-o dentro da carteira.

- Para voltar a ser feliz sexualmente, coloque um pedaço de pau de canela embaixo do colchão ou em qualquer ponto escondido da cama.

Toque um sino

Tenha um sino no seu quarto e, assim que acordar, toque-o em todos os cantinhos do cômodo. As ondas sonoras vão movimentar as boas energias.

Sal

Sempre que puder, tome banho de mar — sem moderação!

Faz tempo que o sal é considerado sagrado e capaz de afastar o mau-olhado. No Egito, ele era oferecido às divindades, e Platão nos conta que o mineral também era caro aos deuses gregos. Para os romanos, ele estava ligado à sabedoria e era derramado sobre os recém-nascidos para que eles fossem sábios. Cristãos consideram o sal purificador, e o usam nos lábios das crianças durante o batismo católico.

No quadro *A última ceia*, de Leonardo da Vinci, há um saleiro derrubado na direção de Judas Iscariotes, o que era um símbolo de mau presságio. Naqueles anos, se alguém derramasse sal à mesa, deveria pegar um punhado e jogar sobre o ombro esquerdo para afastar o mal. O profeta Maomé, adorado pelos árabes, recomenda "começar pelo sal e terminar com o sal, porque o sal cura numerosos males". Para proteger as crianças, os escandinavos deixavam sal perto do berço. Os japoneses depositam uma pitada na soleira da porta depois que uma visita tensa ou indesejada vai embora, e um costume similar é observado entre caboclos do interior do Brasil: para evitar visitantes malquistos e afastar energias negativas, coloca-se sal grosso em cima da porta principal ou uma mistura de água e sal do lado esquerdo da entrada da casa. Em muitas tribos da África, um copo de água e outro de sal são os primeiros itens que as pessoas providenciam ao se mudarem para um novo lar. Nesse continente, o banho de sal também é usado para renovar a graça de estar no mundo.

Quando observamos uma partícula de sal em um microscópio, percebemos que se trata de um cristal, formado por camadas de cubos achatados. Seu nome deriva do grego *hals*, que também quer dizer "mar". O sal purifica ambientes e, dissolvido em água, pode ser colocado nos lugares de pouca circulação da casa sempre que o ambiente estiver pesado ou depois de grandes brigas. Se deixada nos quartos, a mistura também ajuda a melhorar a qualidade do sono.

Sal grosso é um poderoso anti-inflamatório, por isso é ótimo para ser esfregado no corpo depois da prática de esportes; depois, tome um banho de banheira ou uma ducha. Jogar uma pitada de sal nos ombros afasta a inveja. Banhos de sal grosso e escalda-pés relaxam e limpam as más energias, mas não se esqueça de fazer um intervalo de pelo menos quinze dias entre um banho de sal e outro, para não expor demais o seu campo de proteção.

Para os Reis Magos protegerem a casa

No dia 6 de janeiro, com um giz branco ou um lápis, escreva acima do batente da sua porta de entrada (INSERIR OS DOIS PRIMEIROS NÚMEROS DO ANO VIGENTE) + G + M + B + (INSERIR OS DOIS ÚLTIMOS NÚMEROS DO ANO VIGENTE), por exemplo: "20 + G + M + B + 24", para o ano de 2024. Essa frase alfanumérica significa "Santos Reis, abençoem esta casa". Depois, reze em voz alta:

> Ó amabilíssimos Santos Reis, Gaspar, Melquior e Baltazar, vós que fostes avisados pelo Anjo do Senhor sobre a vinda ao mundo do Menino Sagrado e a Ele guiados pela Divina Estrela do Céu, guia-nos ao caminho da verdade e ao encontro do nosso Deus Menino.
>
> Nos ilumine para que possamos em nossa simplicidade oferecer ao pequeno Deus Menino o ouro de nossa fé, o incenso de nossa gratidão e a mirra de nossa compaixão, amando-o refletido em nosso semelhante.
>
> Santos Reis, vós que conhecestes o afeto e o aconchego da Sagrada Família entre as paredes da simplicidade e da humildade, despertem esta

harmonia e aconchego em cada ser que habita a minha morada.

Neste momento de sentida oração a vós, peço com respeito e fé que a luz da Estrela Guia ilumine a minha porta por todos os dias do ano e que a sua bênção recaia sobre todos que vivem em minha morada.

Assim seja.

Há séculos difundido no interior do Brasil, esse hábito muito popular é uma adaptação de uma tradição alemã. Em muitas cidades da Alemanha, costuma-se escrever acima do batente das portas, no dia 6 de janeiro, as letras C + M + B, abreviação do latim *Christus mansionem benedicat*, ou seja, "Cristo, abençoe esta casa" (tradução livre). Na mesma data, as crianças se fantasiam de Reis Magos e escrevem o nome de seus personagens nas paredes externas das casas, e os adultos queimam incenso e colocam a metade de uma cebola com sal no peitoril das janelas, para atrair bênçãos.

Para deixar a casa limpa

No dia 30 ou 31 de dezembro, faça uma faxina. Limpe do cômodo mais interno para o mais externo, e termine varrendo a sujeira para fora da porta de entrada. Recolha o lixo somente quando estiver no lado de fora da casa. Se quiser, após a limpeza, deixe uma tampinha com amônia nas extremidades de cada cômodo por duas horas, descartando-as depois.

Para abrir espaço para o novo

Na virada e durante todo o dia 1º de janeiro, as portas da sua casa devem estar abertas para que o ano velho possa ir embora sem dificuldades e abrir espaço para o novo ano que começa.

15

- PLANTAS -
E AS MELHORES INTENÇÕES

001
002
003
004
005
006
007
008

009
010
011
012
013
014
018
015
016
017
019

1 Orquídea

Mantenha sempre uma orquídea, símbolo de prosperidade, em lugar de destaque na sua casa. Essa flor atrai sorte, amor e melhora o astral de todos os moradores.

2 Cacto

Tenha cactos na área externa de sua casa — na varanda, no jardim ou na janela. Eles vão impedir que a negatividade e os maus pensamentos entrem.

3 Manjericão

Além de reforçar o sistema imunológico, reduzir o estresse, ajudar na digestão e conferir um sabor especial a pizzas e pastas, essa erva também auxilia na limpeza do ambiente e dinamiza a energia do lugar onde está. Recomenda-se deixá-la perto de janelas, porque é uma planta de sol.

4 Bambu

Segundo a tradição chinesa, é uma planta que enverga, mas não quebra. Também atrai sorte, prosperidade e fortuna. Boa para escritórios e locais de estudo.

5 Planta jade

Cada flor que desabrocha simboliza uma nova amizade a ser conquistada, e cada folha que nasce ajuda a atrair dinheiro e prosperidade. O melhor é que ela é linda e não precisa de muito cuidado — se adapta a qualquer ambiente e deve ser regada apenas três vezes por semana.

6 Lírio

Ligada a imagens de santos como Antônio e José, essa planta também é conhecida como lírio-da-paz, pois ajuda a garantir suavidade, pureza e beleza ao ambiente. Quando posicionada perto de uma entrada de luz, limpa as vibrações negativas e atrai bons pensamentos para todos os moradores.

7 Espada-de-são-jorge

O formato pontudo das folhas indica um de seus poderes — cortar energias negativas. Além disso, essa planta atrai coragem, felicidade e prosperidade para a casa.

8 Guiné

Fácil de cultivar, essa planta afasta mau-olhado e filtra energias negativas. Também é ótima para se ter na porta de entrada. Uma crença antiga diz que se a muda for um galho roubado, a sorte vai ser dobrada.

9 Dinheiro-em-penca

Gosta de sol e, como o nome sugere, atrai dinheiro e prosperidade. Ótima para ficar nos departamentos de finanças de qualquer empresa.

10 Comigo-ninguém-pode

Afasta as energias negativas e a inveja, e é outra boa opção para a entrada da sua casa.

11 Avenca

Sensível e delicada, essa planta é um ótimo regulador da saúde dos casais. Quando exposta a uma grande carga de energia negativa, pode se desmanchar. Nesse caso, coloque outra em seu lugar. Também é boa opção para locais de estudo e de trabalho.

12 Árvore-da-felicidade

Vai bem em ambientes internos e externos, trazendo felicidade e harmonia. Para os casais, é legal ter as duas espécies da planta — macho e fêmea. Para os solteiros, uma delas já basta.

13 Alecrim

Diz a lenda que, ao fugir da perseguição de Herodes aos recém-nascidos da Judeia, Maria colocou Jesus sobre um arbusto de alecrim enquanto lavava suas roupinhas. Agradecida por tamanha honra, a planta teria desabrochado flores brancas, azuis e lilases em homenagem a Nossa Senhora. Estudiosos afirmam que o nome da planta em algumas outras línguas, *rosemary*, faz alusão às rosas de Maria. O alecrim adora sol, vai bem perto de janelas e muito bem em áreas externas. É um estimulante natural, que favorece a atividade mental e a vitalidade, e atrai alegria e boa sorte. Os estudantes gregos costumavam usá-lo nos cabelos para melhorar a memória. Além disso, ele ajuda a manter acesa a paixão dos casais — dizem que se está bonito, a saúde da relação vai bem, mas se morrer o casal deve plantar outro.

14 Romã

Ligada à sorte, à realização dos desejos e à fecundidade, a romãzeira era a árvore querida por Hera, Perséfone e Afrodite, três deusas da mitologia grega famosas por sua beleza.
Era usada para afastar maus carmas. Ter uma

planta de romã na entrada da casa ajuda a afastar a negatividade.

15 Lavanda

Acalma os ânimos, limpa a energia do ambiente e relaxa. Também está associada à cura, à tranquilidade e à purificação. Perfeita para ser acrescentada aos banhos noturnos e aos chás em dias estressantes. É uma boa planta para locais de estudo e de trabalho, porque inspira bons pensamentos e ideias.

16 Pimenteira

Indicada para a entrada de casa por sua capacidade de afastar energias, pensamentos negativos, mau-olhado e inveja. Se morrer pela sobrecarga, tudo bem, é só pôr uma nova no mesmo lugar.

17 Arruda

Além de combater a inveja e o mau-olhado, sabe-se que a arruda também atrai sorte e emite vibrações de prosperidade e entusiasmo. Aspirar um galho de arruda fresca ajuda a clarear pensamentos e tomar decisões. Há quem tenha sempre um galho junto ao corpo, para se proteger de tudo e de todos.

18 Orégano

Ingrediente indispensável nas pizzas e, por isso, muito associado à cozinha italiana, o orégano é conhecido e usado desde a Antiguidade. Em grego, *oros* quer dizer "montanha" e *ganos*, "alegria". Diz a lenda que Afrodite, a deusa do amor, criou a erva. Por esse motivo, as noivas usavam grinaldas com a planta, para serem abençoadas e viverem felizes. Os gregos antigos também levavam as vacas para pastar em campos de orégano, pois acreditavam que isso deixaria a carne mais saborosa e o leite, mais saudável. Usado durante muito tempo como remédio na Grécia e em Roma, o orégano é um dos antissépticos e antibióticos mais poderosos do mundo. Tenha-o sempre em casa para atrair felicidade e alegria.

19 Trevo-de-quatro-folhas

Raro na natureza, é famoso por atrair boa sorte. Os trevos mais comuns são os de três folhas, por isso, dizem que aquele que achar um trevo-de-quatro-folhas entre eles vai ter sorte durante a vida toda. Ter essa plantinha em casa é sinal de bons agouros, alegria e sucesso.

16

- PARA -
PROSPERIDADE E ABUNDÂNCIA

Gesto para atrair riqueza e prosperidade

KUBERA MUDRA

Como fazer

Encoste as pontas do polegar, do indicador e do dedo médio e dobre os outros dois dedos até que descansem na palma. Faça o gesto com ambas as mãos.

Significado

O Kubera Mudra também é chamado de "técnica dos três dedos" pelos praticantes do Método Silva de Controle Mental e serve para nos ajudar a entrar em estado alfa, ou seja, o estado em que estamos logo antes de dormir ou assim que acordarmos — de leve hipnose, focado, receptivo e relaxado. Nesse nível de consciência, somos mais capazes de absorver informações novas, pois estamos calmos e abertos às possibilidades.

Os praticantes do Método Silva também usam esse mudra em situações cotidianas, como para encontrar uma vaga no estacionamento ou para se lembrar de informações importantes.

KUBERA MUDRA

Benefícios

Esse gesto pode ser utilizado sempre que haja um objetivo ou desejo que você gostaria de realizar. Além disso, ele estimula a confiança, o relaxamento e a serenidade, e, fisicamente, abre e limpa os seios frontais do rosto, auxiliando a respiração.

Dica

Se quiser, você pode formular seu desejo ou objetivo em uma frase sucinta. Pergunte ao seu coração como isso vai ser benéfico para você e para o mundo ao seu redor. Visualize o objetivo como se já tivesse sido alcançado e esteja atento às sensações físicas, emocionais e mentais que surgem.

Para Santo Antônio não deixar faltar nada na despensa

No dia de Santo Antônio, 13 de junho, leve pães frescos para serem abençoados em uma missa em homenagem a ele. Deixe-os na igreja para serem distribuídos e pegue mais um (de preferência de outra pessoa). Quando chegar em casa, corte-o em treze pedaços e embrulhe-os com papel-alumínio ou papel-toalha. Guarde um deles na despensa (dentro do pote de arroz, por exemplo) e entregue os outros para familiares ou pessoas que lhes sejam caras, recomendando que elas também os deixem na despensa para que, com a bênção do santo, nada falte.

Ao receber a eucaristia em seu leito de morte, São Tomás de Aquino declarou: "Acredito firmemente e sei como certo que Jesus Cristo, o Verdadeiro Deus e o Verdadeiro Homem, Filho de Deus e da Virgem Maria, está neste Sacramento".

Um dos maiores expoentes da filosofia escolástica, Tomás de Aquino foi professor da Universidade de Paris e conhecia profundamente o pensamento aristotélico. Em sua obra mais famosa, a *Suma teológica*, ele argumenta que existem dois tipos de verdades: as "verdades da fé", que fogem à razão e só vão ser compreendidas através da revelação divina; e as "verdades naturais teológicas", que são assimiladas mais facilmente pela razão. Mesmo assim, a razão e a fé, muitas vezes, são como rios que desembocam no mesmo oceano. Em alguns pontos da obra, ele também afirma que os corpos superiores — isto é, os astros — influenciam os corpos inferiores, e que certos indícios futuros podem ser antecipados a partir do estudo dos corpos celestes.

Apesar de pouco disseminados em livros e em grandes eventos públicos, os rituais e as promessas envolvendo santos e datas católicas são inúmeros, desde antes de São Tomás de Aquino, e continuam sendo passados de boca em boca e em pequenos pedaços de papel. Os relatos de que a realização dessas práticas trouxe os desejos plantados nos corações dos fiéis para o mundo real são muitos. As pessoas que costumam praticá-las dizem que, se o pedido for justo, não prejudicar outrem e ser feito com fé, vai acontecer. Caso contrário, o santo, o anjo ou Deus o fará entender que havia um caminho muito melhor a ser percorrido do que aquele desejado.

Para Santo Antônio mandar fartura

No dia 12 de junho, asse treze minipãezinhos em oferecimento a Santo Antônio e peça uma despensa farta. Deixe-os aos pés da imagem do santo que você tem em casa por uma noite, com uma vela branca acesa. No dia seguinte, guarde um dos pães no seu armário de mantimentos e doe os outros doze a pessoas queridas, dizendo para que também o guardarem na despensa. Assim, Santo Antônio vai conceder fartura a todos.

Para Santa Genoveva trazer prosperidade

No dia 3 de janeiro, dia da santa, ponha sobre um vidro transparente os seguintes itens (nesta ordem): sal grosso, ervilha, feijão, cravo-da-índia, milho de pipoca e grãos de café. Reze por prosperidade e fartura, e troque o arranjo no ano seguinte.

Para os noivos terem fartura e prosperidade

Na saída da cerimônia religiosa, os convidados devem jogar arroz sobre os noivos para que eles tenham fertilidade, fartura e prosperidade.

Para um bebê ganhar muito dinheiro durante a vida

Quando o cordão umbilical cair, ponha a moeda de maior valor que encontrar sobre o umbigo do bebê — sem se esquecer de esterilizá-la antes de usar. Amarre-a firme com uma fralda de pano, mas não muito forte, e deixe-a ali até o umbigo baixar (não mais que sete dias), tirando-a apenas para dar banho. Essa simpatia ajuda a prevenir a hérnia umbilical e garante que o bebê tenha muito dinheiro quando crescer.

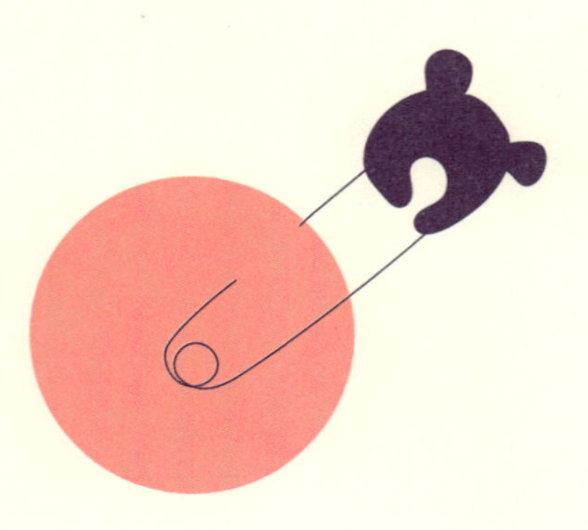

Simpatia com canela para atrair prosperidade

No primeiro dia de cada mês, pegue um punhado de canela e saia pela sua porta de entrada. Com ela ainda aberta, assopre a canela para dentro de casa. Se quiser, mentalize fartura, prosperidade e progresso para todos os moradores. Na hora do ritual, você também pode dizer: "Quando esta canela eu soprar, a prosperidade nesta casa vai entrar. Quando esta canela eu soprar, a fartura virá para ficar. Quando esta canela eu soprar, a abundância aqui irá morar!". Há quem verbalize somente a primeira frase durante o ritual. Quando acabar, não lave as mãos, apenas esfregue-as para tirar o excesso de canela e depois passe-as na cabeça. Depois, siga sua vida normalmente.

Misturinha da prosperidade

Num dia de lua nova, assim que escurecer, misture gengibre em pó, louro em pó, canela em pó, noz-moscada em pó e menta desidratada em pó, dizendo: "Dinheiro, dinheiro, dinheiro, flua para mim, para me dar o que necessito, por meio justo e honesto, pela magia do bem, que assim seja e assim será". Depois, espalhe o pó pela sua casa.

Para encontrar um emprego ou atrair dinheiro

Para conseguir um emprego ou atrair mais dinheiro para a sua vida, acenda uma vela branca ou amarela em seu altar. Enquanto joga uma pitada de cúrcuma sobre a chama, imagine que está empregado ou que seus problemas financeiros acabaram. Faça isso sempre no mesmo dia da semana até alcançar o que precisa.

3 simpatias para Santa Edwiges acabar com as dívidas

1. Liste todas as suas dívidas, incluindo o número de parcelas, o banco de pagamento e outros detalhes, em uma folha de papel verde. Dobre-a e coloque-a sob a imagem de Santa Edwiges. Antes de dormir, leia tudo e volte-a para debaixo da santa, pedindo ajuda para pagá-las. Quando quitar suas dívidas, acenda uma vela de sete dias para agradecer.

2. No dia de Santa Edwiges, 16 de outubro, tenha um papel e um envelope brancos. Escreva na folha todas as suas dívidas, incluindo pessoas, valores, datas de pagamento, bancos, cartões de crédito etc. Detalhe ao máximo. Dobre o papel, coloque-o dentro do envelope e escreva na parte de fora: "A luz branca que emana do Senhor me ajude a pagar minhas dívidas". Por sete dias consecutivos, com a mão sobre o envelope, faça a seguinte oração para a santa: "Ó Santa Edwiges, vós que na Terra fostes o amparo dos pobres, a ajuda dos desvalidos, o socorro dos endividados e que no Céu agora desfrutais do eterno prêmio da caridade que em vida praticastes, me ajude a pagar as minhas dívidas". Quando terminar, deixe o envelope no seu oratório ou perto de livros de oração. Cada dívida quitada deve ser riscada da lista com um agradecimento a Jesus e à santa.

3. Na sexta-feira de lua nova anterior a 16 de outubro, tenha um saco de pano branco de sessenta centímetros, de preferência algodão. Às sete horas da manhã, coloque sete moedas de qualquer valor dentro dele e dê sete nós.

Deixe-o em um canto da casa que somente você veja e diga à santa que ele só vai sair dali depois que você arrumar dinheiro para pagar as contas. Quando o desejo for alcançado, leve o saco para um cemitério e ponha-o ao lado de uma cruz bem alta. Saia rezando sete Pai-Nossos e sete Ave-Marias sem olhar para trás.

Quando a palma da sua mão direita coçar...

É sinal de que vai sair dinheiro da sua conta.

Quando a palma da sua mão esquerda coçar...

É sinal de que vai entrar dinheiro na sua conta. Sempre que isso acontecer, feche a mão para ele ficar mais tempo e para atrair mais prosperidade.

Salmos e dívidas

Se precisar pagar uma dívida, reze o salmo 41 todos os dias até ter o dinheiro necessário e três dias seguidos depois de quitar a pendência.

Se precisar receber um pagamento atrasado, reze o salmo 40 todos os dias e, depois que conseguir o dinheiro, mais uma semana.

Para Nossa Senhora de Guadalupe resolver pendências financeiras

De manhã, passe uma fita dourada na base de uma vela branca de sete dias e dê um laço. Ao entardecer, perto do pôr do sol, acenda a vela e faça a oração a seguir, apagando-a em seguida. Repita o ritual por cinco dias e, no quinto, deixe a vela queimar até o fim. Depois de alcançar seu milagre, passe a simpatia para todos que precisarem.

Em nome do Pai, do Filho e do Espírito Santo. Amém.

Bela Senhora dos Céus e da Terra, Gloriosa Santa Maria, a Morena de Guadalupe, que sempre nos mostrou a sua infinita bondade quando estamos cheios de problemas e vamos até você.

Você, que nos cobriu com o seu manto de proteção quando choramos lágrimas sinceras na sua frente e que pacientemente escuta nossos pedidos.

Hoje peço para que continue abrindo suas mãos doces e nos dando sua compreensão e seus favores, e que continue nos mostrando o seu amor.

Santíssima Virgem, abençoada Mãe do Senhor, neste dia me dirijo a você, amada e bela Mãe, implorando que seja indulgente comigo e me ajude com minhas dificuldades. Eu não quero desistir, então me dê esperança para persistir nos meus propósitos.

Minha Senhora, peça ao seu Filho Jesus, que é meu Provedor e meu Guia, que me mostre a melhor maneira de encontrar todas as portas abertas, e que os meus caminhos sejam claros e cheios de oportunidades de emprego, alivie minha falta de dinheiro.

Peça ao Espírito Santo que me ajude a agir com inteligência, sabedoria e conhecimento para descobrir como obter sucesso em tudo que faço, e, assim, avançar e encontrar as melhores soluções para sair vitorioso(a) em todas as dificuldades e desafios que tenho na minha vida.

(EXPLICAR AS DIFICULDADES E PEDIR AJUDA.)

Eu sei que para você, minha linda Mãe, não há impossibilidades. Você, Prodigiosa Virgem, faz milhares de milagres, então eu me confio inteiramente a você. Que meus anseios sejam cumpridos para a glória de Deus e o bem-estar da minha família.

Bela Mãe de Guadalupe, dos Céus onde reina, me ajuda. Que suas mãos nunca parem de me abençoar e que seus olhos nunca parem de me olhar com amor e misericórdia.

Que sua Imagem Sagrada continue a inspirar esperança em mim e que eu sempre encontre em você remédio, refúgio e proteção.

Minha Mãe, ofereço minha imensa fidelidade e devoção, e prometo viver eternamente grato por seus favores e amar você com sinceridade cada dia mais e mais.

Amém.

Para não faltar dinheiro durante o ano

Na virada do ano, ponha uma nota de valor dois embaixo do seu pé direito. Se no país onde estiver não houver uma nota de dois, pode ser de vinte, mas a de dois é a mais eficiente. Se for verão, use fita adesiva para colar a nota no chinelo ou na sandália. Se estiver frio, coloque-a dentro da meia. O dinheiro tem de estar em contato com o seu pé. Depois da virada, devolva a nota para a carteira e gaste-a normalmente. Não vai faltar dinheiro durante o ano todo.

2 simpatias para atrair dinheiro no próximo ano

1. No dia 31 de dezembro, em uma folha de louro, escreva seu nome e o ano que virá. Enquanto escreve, peça para não faltar dinheiro e para prosperar, e depois guarde-a na carteira. No ano seguinte, despreze a folha antiga na natureza e repita o ritual.

2. Na primeira noite de lua nova do ano, assim que escurecer, ponha uma nota de qualquer valor na mão esquerda. Olhando para o céu, fale em voz alta: "Deus te salve, lua nova. Deus te salve, lua nova. Lua crescente, quando passares por São Vicente, me traga milhões de sementes como esta aqui". Depois, olhe para a nota.

Para ganhar mais dinheiro no próximo ano

No dia 31 de dezembro, antes do meio-dia, pegue o chaveiro com todas as chaves de sua casa e segure-o por dez minutos. Depois, tire todas as chaves e coloque-as sobre uma mesa formando uma cruz. Reze um Pai-Nosso e acenda uma vela branca ou dourada. No dia 1º de janeiro, volte as chaves para o chaveiro e use-o normalmente.

Para atrair prosperidade no próximo ano

Durante a véspera e o primeiro dia do ano, deixe um vaso de orquídeas em um lugar de destaque na sua casa. Essa flor atrai prosperidade.

Para ter um ano próspero

No dia 31 de dezembro, espalhe arroz cru nas extremidades de todos os cômodos da sua casa. Enquanto faz isso, vá pensando positivo e desejando coisas boas para o ano que vai entrar. Não tire o arroz até o dia 6 de janeiro. Então, varra a casa e coloque os grãos que sobraram em um jardim ou em um vaso de planta.

Lentilha

Lentilhas lembram moedas, e comer esses grãos na ceia de Ano-Novo traz sorte e prosperidade.

Para atrair fartura

Para garantir um ano com muita fartura, ponha um arranjo com arroz branco cru e quatro maçãs vermelhas na mesa do último jantar do ano. Deixe-o ali até a virada de ano. Depois consuma-os normalmente.

Moedas debaixo do tapete

Coloque seis moedas debaixo do tapete da porta de entrada da sua casa no dia 31 de dezembro. Durante o ano, verifique se elas continuam ali e reponha se faltar alguma. Isso vai atrair sorte e prosperidade.

Geladeira sempre cheia

Dinheiro na carteira e geladeira e despensa cheias no dia 31 de dezembro ajudam a atrair mais fartura e abundância para o ano todo que inicia no dia 1º de janeiro.

Sete ondinhas

Logo depois da meia-noite do dia 31 de dezembro, vá para o mar e pule sete ondas, na parte rasa da praia mesmo. Deseje sorte e prosperidade para o ano que acabou de começar e, se quiser, faça um pedido a cada pulinho. Depois, saia da água admirando o mar, sem virar as costas para ele. Isso vai abrir seu caminho e garantir proteção e força para o novo ano.

O costume de pular as sete ondinhas logo depois da meia-noite do último dia do ano vem da umbanda e seu intuito é homenagear Iemanjá, a rainha do mar. Segundo a tradição, quem pula sete ondinhas do oceano, protegido por ela, recebe de volta purificação e forças para vencer os obstáculos que vai enfrentar durante o ano que acaba de chegar. Um orixá feminino, Iemanjá é mãe de Exu, representado pelo número sete. Nessa religião de origem africana e muito popular no Brasil, o número sete tem ainda outros significados – sete são os sentidos da vida e sete são as qualidades de Deus, representadas por sete orixás principais: Oxalá, Oxum, Oxóssi, Xangô, Ogum, Obaluaiê e Iemanjá.

Se quiser potencializar o seu ritual, faça as preces a seguir. Note que elas reforçam as qualidades divinas e os sentidos da vida de cada orixá. Cada uma deve ser dita depois de pular uma onda:

Primeira onda: "Pai Oxalá, eu te saúdo e te agradeço pela emanação da fé que mantém minha espiritualidade e religiosidade ativa nesta encarnação".

Segunda onda: "Mãe Oxum, eu te saúdo e te agradeço por sentir amor em meu coração pela família e pelos amigos".

Terceira onda: "Pai Oxóssi, eu te saúdo e reverencio tua luz expansora em minha consciência, que não aceita as limitações e me mantém ativo na caça constante de meu crescimento intelectual, racional e de minha consciencial".

Quarta onda: "Pai Xangô, eu te saúdo e me curvo à tua luz de justiça e equilíbrio através de cada ato que eu realizar".

Quinta onda: "Pai Ogum, eu te saúdo e evoco a retidão que mantém minha caminhada ordenada na direção correta".

Sexta onda: "Pai Obaluaiê, eu te saúdo, me silencio e agradeço pela saúde do meu corpo".

Sétima onda: "Mãe Iemanjá, divina rainha, eu te saúdo, te reverencio e te agradeço pela vida". (SE TIVER FLORES, JOGUE NO MAR DEPOIS DESTA PRECE.)

Dançar em volta de uma árvore

Dançar em volta de uma árvore ao ar livre, durante a transição de um ano para o outro, traz sorte e prosperidade.

Para não faltar dinheiro

No dia 31 de dezembro, pegue sete folhas de louro seco e amarre-as com um barbante, depois guarde-as dentro de um saquinho de seda. Deixe-o na carteira até a virada do ano seguinte. Quando o novo ano começar, despreze as folhas antigas em água corrente. Se você estiver longe de rios ou do mar, pode descartar no vaso sanitário mesmo. Nunca vai faltar dinheiro.

Na Grécia antiga, o louro representava vitória. Segundo a mitologia, o deus Apolo se apaixonou pela ninfa Dafne. O amor não era correspondido e, para fugir das investidas de Apolo, ela se refugiou nas montanhas. Mas a ideia não deu certo, e Apolo continuou a persegui-la. Então, Dafne pediu ajuda a seu pai, Peneu, também um deus, que a transformou em um pé de louro. Dessa forma, ela fez as pazes com Apolo e os dois ganharam. Na Grécia antiga, os vencedores de competições eram coroados com louros. Em Roma, sempre que venciam uma batalha, os soldados enviavam ao Senado um pergaminho envolvido em louros para dar a notícia.

Por continuar verde mesmo durante um inverno rigoroso, o louro também é símbolo de imortalidade. Quando colocadas na despensa, suas folhas afastam baratas, formigas, moscas e carunchos. Sua infusão, além de diurética, é anti-inflamatória e ajuda na digestão. Apesar disso, elas não devem ser ingeridas.

Para Santo Expedito ajudar a arranjar emprego

Em seu dia, 19 de abril, Santo Expedito também ajuda a quem estiver precisando de emprego e fizer a seguinte simpatia: com uma faca nova, escreva seu nome e a frase "Preciso de emprego" em três velas novas, no sentido da base para o pavio. Amarre-as com uma fita verde de trinta centímetros, dando três voltas e nove nós enquanto pensa no emprego que quer alcançar. Acenda as três velas com o mesmo fósforo e reze nove Pai-Nossos, pedindo que Santo Expedito atenda ao seu pedido. Jogue o que restar das velas e da fita no lixo, e use a faca normalmente depois. Não se esqueça de tornar o agradecimento público quando arrumar um emprego.

Ritual com alho para manter ou encontrar um trabalho

Compre uma cabeça de alho branco. Tire a casca com as mãos, sem usar faca, pensando no trabalho que deseja manter ou no emprego que queira conquistar, e imagine-se feliz nesse cargo. Não é preciso tirar a casca dos dentes, mas separe-os da cabeça por completo. Depois, coloque os dentes de alho descascados em cima do seu currículo (não se esqueça de incluir o seu cargo atual, se for esse o seu foco). Deixe os dentes passarem uma noite ali para movimentar toda a energia estagnada que houver. No dia seguinte, se estiver empregado, tome um banho, vista uma roupa alegre e vá para o trabalho com um dente de alho com casca no bolso. Caso esteja buscando emprego, envie seu currículo para as empresas em que deseja estar, com um dente de alho com casca no bolso. Quando terminar de enviar ou voltar para casa, plante um dos dentes. Se ele florescer, dê a primeira cabeça para quem esteja procurando trabalho ou esteja aflito para manter o seu. Até a sua situação melhorar, reze sete Pai-Nossos antes de sair de casa e deixe um dente de alho perto da imagem de São José, pedindo que ele abençoe sua busca ou proteja seu emprego. Quando tudo se acertar, reze um Pai-Nosso e agradeça ao santo.

Para atrair boas vibrações para o emprego novo

Sempre que receber o primeiro salário de um emprego novo, gaste parte dele com algo de valor que lhe agrade e que dure bastante. Com isso, você vai atrair boas vibrações para a nova jornada.

Para os filhos irem melhor na escola

Corte as unhas do seu filho. Sem que ele perceba, guarde-as dentro de um dicionário.

Para Santa Catarina ajudar em dias de prova

Antes de começar uma prova de qualquer tipo, diga três vezes em voz alta: "Santa Catarina, conto com você". Ela vai ajudar você a se lembrar de tudo o que estudou.

Para São Tomás de Aquino ajudar em dias de prova

Logo depois de estudar e antes de dormir, faça a seguinte oração:

> São Tomás de Aquino, vós que tornastes mais fecunda
> a língua das crianças, tornai erudita a minha língua
> e espalhai sobre meus lábios a vossa bênção.
> Concedei-me a capacidade para entender e reter,
> a sutileza de relevar, a facilidade de aprender, a graça
> abundante de falar e escrever. Ensinai-me a começar,
> regei-me a continuar e a perseverar até o término.
> Vós que sois verdadeiro Deus e verdadeiro Homem,
> que vive e reina pelos séculos dos séculos.
>
> Amém.

Tente realizá-la todas as noites, durante sete dias antes das provas.

Para Deus conceder discernimento e serenidade

Sempre que precisar, reze a oração a seguir. Depois, acenda uma vela branca em seu altar.

Seguro em Suas mãos, uno meu coração ao Seu para que juntos possamos fazer aquilo que sozinho não consigo. Deus, conceda-me a serenidade para aceitar as coisas que não posso mudar, a coragem para mudar as coisas que posso e a sabedoria para discernir uma da outra. Vivendo um dia de cada vez, apreciando um momento de cada vez, recebendo as dificuldades como um caminho para a paz e, como Jesus, aceitando as circunstâncias do mundo como realmente são, e não como gostaria que fossem. Confiando que o Senhor tudo fará se eu me entregar à Sua vontade; pois assim poderei ser feliz nesta vida e supremamente feliz ao Seu lado na eternidade. Amém.

Na virada do ano

> p. 199

17

– BANHOS –
DE ERVAS

As ervas podem atrair boas vibrações para a sua vida. Para isso, você precisa tomar um banho preparado da seguinte forma: ferva a água por três minutos, desligue o fogo e adicione a erva de acordo com a intenção que quer lançar (veja a lista a seguir). Use vinte folhas ou pétalas a cada litro de água, e prepare pelo menos duas medidas, depois deixe descansar por alguns minutos. Se puder, ponha a panela do lado de fora de sua casa em algum momento entre onze da manhã e uma da tarde, quando os raios de sol são mais poderosos. Coe o banho e despreze as folhas na natureza ou em um vaso grande em sua casa. Depois de higienizar-se no chuveiro, despeje a água com ervas sobre o seu corpo, do pescoço para baixo. Seque-se sem esfregar a toalha, apenas encostando-a para absorver a umidade. Depois, descanse. Se quiser realizar o ritual antes de dormir, coe a água e esquente-a, sem ferver, na hora do banho.

001
002
003
004
005
006
007
008
009
10
011
012

1. **Erva-de-são-joão**
   Para resolver problemas na Justiça.

2. **Pinho**
   Para dar confiança.

3. **Sândalo ou hortelã**
   Para revigorar a energia.

4. **Folhas de pitangueira**
   Para atrair destaque.

5. **Brinco-de-princesa**
   Para conquistar poder.

6. **Folhas de pessegueiro**
   Para ter mais diplomacia.

7. **Lírio-da-paz**
   Para atrair harmonia.

8. **Margarida**
   Para equilibrar o emocional.

9. **Folhas de mangueira**
   Para trazer otimismo.

10 **Folhas de louro**

Para melhorar o astral do ambiente de trabalho.

11 **Hibisco vermelho**

Para reforçar a determinação.

12 **Hortência**

Para aumentar a sabedoria.

Na virada do ano

Tomar um banho de ervas logo depois da virada vai eliminar as energias negativas.

18

– PARA –

O CORPO E A SAÚDE

Oração para o Arcanjo Rafael trazer saúde

Ficai conosco, ó Arcanjo Rafael, chamado Medicina de Deus.
Que vossos raios curativos desçam sobre nós, dando-nos a cura.
Afastai para longe de nós as doenças do corpo, da alma e do espírito.
Trazei-nos a saúde e toda a plenitude da vida prometida.
Por Nosso Senhor Jesus Cristo.
Amém.

Para Nossa Senhora Aparecida curar problemas de saúde

Se você tiver um problema de saúde ou estiver preocupado com a doença de uma pessoa querida, acorde ao nascer do sol, reze uma Ave-Maria e peça cura a Nossa Senhora Aparecida. Quando a graça for alcançada, vá à Basílica de Aparecida ou a uma igreja dedicada a ela, acenda uma vela e agradeça. Repita o gesto em 12 de outubro, dia de Nossa Senhora Aparecida.

Para Nossa Senhora das Dores curar problemas de saúde

Por nove quartas-feiras consecutivas, reze uma Ave-Maria, pedindo que Nossa Senhora das Dores cure o seu mal (ou o de uma pessoa a quem você queira bem). Quando sarar, mande rezar uma missa à santa. Na data do evento, deixe um copo de água no móvel mais alto de sua casa dedicado a ela.

Para São Roque curar problemas de saúde

Se tiver algum problema de saúde, peça que São Roque auxilie você na busca da cura. Ao alcançar a graça, espere até o dia do santo, 16 de agosto, e dê algo que lhe seja valioso a alguém mais necessitado. Esse pedido pode ser feito em benefício a outra pessoa também.

Para São Sebastião proteger o corpo e curar doenças

Em um papel azul, escreva a seguinte oração: "Onipotente e eterno Deus, que pela intercessão de São Sebastião, Vosso glorioso mártir, encorajastes os cristãos encarcerados e livrastes cidades inteiras do contágio da peste, atendei às nossas humildes súplicas, socorrei-nos em nossas angústias, reanimais os encarregados, curai os doentes, livrai-nos do contágio. Pelos méritos de São Sebastião, atendei-nos, Senhor. Amém". Mantenha o papel dentro da sua Bíblia, na página do salmo 91.

Para Nossa Senhora conceder uma gravidez

Separe sete velas douradas. Em uma noite de lua cheia, às nove da noite, acenda uma delas, ofereça-a a Nossa Senhora e peça à santa para ser mãe. Expresse como você ficaria feliz com a gravidez e o quanto cuidaria bem do bebê. Descreva a criança, os passeios que pretende fazer com ela e as músicas que vai cantar para ela dormir. Reze uma Ave-Maria e vá para o seu quarto. Faça isso nas próximas seis noites de lua cheia, sempre no mesmo horário.

Para Sant'ana e São Joaquim concederem uma gravidez

No dia 25 de julho, escreva, em pedacinhos de papel, dez nomes de menino e dez nomes de menina que agradem a você e ao seu parceiro ou parceira, depois encha de água dois pratos fundos. Coloque os nomes de menino em um deles e os de menina no outro. Reze uma Ave-Maria e um Pai-Nosso, e então peça um filho a Sant'Ana e a São Joaquim, pais de Nossa Senhora. No dia seguinte, anote os nomes que estão nos papéis mais abertos e escolha um deles para a criança que nascer.

Para o bebê ficar em uma boa posição para o parto

A partir do sétimo mês de gravidez, durante o banho, passe sabão de cinzas na barriga, de cima para baixo, pedindo ao bebê que fique em uma boa posição para o momento do parto. O sabão deve ser novo e usado apenas pela grávida, na hora do banho.

Para curar a criança da bronquite

Esta simpatia tem de ser feita com a criança que sofre de bronquite acompanhada de dois adultos. Um deles, segurando uma faca afiada, vai à frente da criança e o outro vai atrás. Em fila, os três devem entrar pela porta da frente da casa da criança ou de um dos adultos e, em sentido horário, passar por todos os cômodos. A cada porta que cruzarem, os adultos devem rezar uma Ave-Maria em voz baixa. A pessoa que estiver com a faca diz: "Eu estou cortando a bronquite de (DIZER O NOME DA CRIANÇA). O que eu corto?", e a outra responde: "Corta a bronquite de (DIZER O NOME DA CRIANÇA)".

O procedimento tem de se repetir em todas as portas da casa. Ao voltar para a entrada principal, quem estiver com a faca na mão precisa cortar uma mechinha de cabelo da nuca da criança e marcar a altura dela no batente da porta. Em seguida, ela pode ir brincar. No local em que a altura tiver sido marcada, deve-se fazer um furinho — pode ser com um prego — e colocar ali a mechinha de cabelo da criança, fechando bem o furinho para ninguém perceber o que aconteceu. É importante que ninguém note. A pessoa que estiver com a faca na mão deve rezar uma Ave-Maria, um Pai-Nosso e oferecer a cura ao anjo da guarda da criança. Também é importante que nem a criança nem ninguém mais saiba o que foi feito. Quando ela passar daquela altura, a bronquite vai embora.

Para curar a criança da tosse

Peça à criança que segure uma chave com a mão direita.

3 simpatias para a criança parar de fazer xixi na cama

1. Antes do pôr do sol, coloque a última fralda usada pela criança sobre um formigueiro.

2. Peça à criança que faça xixi sobre um tijolo.

3. Pegue um chuchu velho e espere brotar. Depois, abra-o, faça um refogado com o miolo do legume e misture à comida da criança por sete dias. (Essa simpatia também funciona para crianças mais velhas que estão com incontinência urinária.)

Para aliviar a cólica do bebê

Ponha três folhas de arruda embaixo do travesseiro do bebê.

Para o seu santo de devoção ajudar a parar de fumar

Comece no dia da semana de que você mais gostar. Peça ajuda para parar de fumar ao seu santo de devoção (também pode ser a Deus, Jesus ou seu anjo da guarda) e em seguida faça sua oração favorita, com fé. Mantenha perto de você um pacote de algodão e uma travessa pequena, um pires ou um copo. Toda vez que der vontade de fumar, forme uma pequena bolinha de algodão e coloque-a na travessa, depois faça uma oração pedindo para parar de fumar. Se a vontade persistir, pode até acender um cigarro e tragá-lo. No fim do dia, antes do pôr do sol, jogue uma a uma das bolinhas no lixo e faça uma oração espontânea ao seu protetor, agradecendo pela graça que ele lhe concedeu naquele dia. Repita a simpatia por uma semana e sua vontade de fumar vai parar de vez ou, pelo menos, diminuir muito. Nesse caso, siga realizando a simpatia até estar livre do cigarro.

Para Santa Mônica ajudar a parar de beber

No dia da santa, 4 de maio, reze um Pai-Nosso e repita três vezes a seguinte oração: "Santa Mônica, que provastes os perigos do vinho, sofrestes a humilhação da carne e vistes vosso filho perdido na vida, ajudai-me a encontrar o caminho da luz. Amém". Repita essa prece por três semanas, pedindo sempre perseverança à santa.

Você também pode usá-la para o bem de outras pessoas.

Para Santo Agostinho curar vícios de outrem

Os devotos de Santo Agostinho garantem que ele é capaz de iluminar pessoas "perdidas". No dia 28 de agosto, reze um Pai-Nosso e prometa que vai ficar seis meses sem ingerir bebida alcoólica se determinada pessoa abandonar o vício. Assim que conseguir a graça, evite tudo o que contenha álcool (até chocolate!) pelo tempo combinado com o santo.

Para perder peso

Numa quarta-feira pela manhã, pegue, de um pacote de arroz, o número de grãos equivalente aos quilos que quer perder — por exemplo, para perder cinco quilos, pegue cinco grãos de arroz, mas não pegue a mais, porque o peso perdido não vai voltar. Jogue os grãos em um copo, encha-o até a metade com água filtrada e deixe-o tampado ao lado da sua cama. Antes de dormir, tome a água e complete o copo novamente. Na quinta-feira, tome a água em jejum e torne a completar o copo. Na sexta-feira, faça igual. Use sempre o mesmo copo e os mesmos grãos de arroz. Depois, despreze os grãos e use o copo normalmente. Fale sobre essa simpatia com conhecidos antes da próxima quarta-feira.

Para perder a barriga

Essa simpatia tem de ser feita do primeiro ao sétimo dia da lua minguante, por sete luas consecutivas. Antes do meio-dia, em jejum, fique em frente a uma porta e bata nela três vezes com a barriga, dizendo: "Bom dia, comadre porta. Tome a minha barriga e me dê a sua de volta". Em seguida, tome três goles de água e fique meia hora sem falar, comer ou beber.

Para o cabelo crescer mais forte

Na primeira noite de lua cheia, corte as pontas de seu cabelo e coloque-as aos pés de uma bananeira ou de uma árvore em fase de crescimento.

Para acabar com a caspa

Rale uma cebola e passe no couro cabeludo, massageando. Deixe por duas horas (se quiser, cubra com uma touca) e depois lave o cabelo até tirar o cheiro do vegetal.

Para clarear os dentes

Embeba um chumaço de algodão em leite de magnésia e passe nos dentes antes de dormir. Repita o procedimento por uma semana.

Alho

No Egito antigo, acreditava-se que o alho melhorava o desempenho físico e a imunidade. Sabe-se que os escravos que construíram a grande pirâmide de Queóps eram alimentados com alho para ter forças para a obra e ficar livre de doenças como a cólera, a varíola e o tifo, que mataram muitas pessoas naqueles tempos. Arqueólogos acreditam até que a pirâmide contenha inscrições remetendo ao poder da planta.

O alho também foi usado por Ulisses, na *Odisseia*, de Homero. Em uma das passagens do poema épico, para se livrar da poderosa feiticeira Circe, o herói prepara um unguento com alho para que ela se apaixone por ele.

Uma lenda islâmica diz que, quando Lúcifer foi expulso do paraíso, uma muda de alho nasceu sob a primeira pegada de seu pé esquerdo e uma muda de cebola sob a primeira marca de seu pé direito, por isso esses dois ingredientes são considerados uma poderosa proteção contra o mal. Na Babilônia, a planta era esmagada e utilizada para combater males respiratórios e problemas de pele. Desde a Antiguidade, acredita-se que cascas de alho colocadas no travesseiro (podem ser postas na fronha) afastam pesadelos e doenças.

Nos últimos tempos, o alho foi muito aplicado nas enfermarias dos campos de batalha da Primeira Guerra Mundial para tratar infecções, tuberculose e doenças respiratórias. Os ingleses eram especialmente fãs de práticas que envolviam o bulbo da planta.

Veja simpatias com alho nas páginas 115-6, 188 e 263.

Para São Brás ajudar uma pessoa engasgada com espinha de peixe

Coloque um prato branco diante da pessoa que está engasgada e vire-o de cabeça para baixo, pedindo para São Brás remover a espinha da garganta dela. Durante a oração, diga o nome da pessoa.

Para acabar com verrugas

Esfregue um pedaço de toucinho nas verrugas muitas vezes e depois jogue-o no formigueiro.

Para aliviar picada de insetos, arranhões e pequenas feridas

Misture um litro de álcool e três tabletes de cânfora, em seguida coloque em uma garrafa com um ramo de arruda. Deixe descansar por dois dias e, depois, aplique no local que precisa ser curado. Troque a arruda de tempos em tempos e use sempre que precisar.

Para aliviar cistite • 1

Ao acordar, ainda em jejum, tome um copo do caldo de água fervida com um pedaço de cinco centímetros de cebola. Repita por três dias.

Para aliviar cistite • 2

Ferva um ramo de salsinha em um litro e meio de água. Beba sem moderação, até melhorar.

Para curar dor de cabeça crônica

Faça uma almofadinha com um tecido de algodão nunca usado, em seguida encha-a com eucalipto até que fique com mais ou menos sete centímetros de altura. Mantenha a almofadinha embaixo do seu travesseiro até que você melhore. Depois de curado, abra-a e queime o eucalipto.

19

- ÓLEOS -
ESSENCIAIS

Substâncias superconcentradas e voláteis, extraídas de folhas, flores, frutos, caules, raízes e sementes, os óleos essenciais podem ser usados para os mais diferentes fins, de acordo com as propriedades da planta da qual são feitos. Há muitas formas de aplicá-los: em aromatizadores de ambiente, na palma das mãos e na sola dos pés, em banhos (uma gota no boxe do chuveiro ou algumas na banheira), em escalda-pés etc. Alguns óleos 100% puros podem até ser ingeridos, misturados a bebidas e comidas de qualquer tipo. O nível de concentração dessas substâncias varia, mas, por exemplo, uma gota de óleo essencial de limão 100% puro equivale a, mais ou menos, trinta frutos. Por conta de sua alta concentração, prefira usar os óleos misturados com o dobro de gotas de óleo de coco, amêndoas, azeite de oliva ou qualquer outro de sua preferência, desde que de qualidade.

Há vários óleos essenciais com propriedades parecidas, então use o que mais lhe agradar. É um imenso universo a ser explorado como uma alternativa saudável para combater doenças e despertar os melhores sentimentos. Além disso, existem cada vez mais pesquisas comprovando a eficácia dessas substâncias.

001
002
003
004
005
006
007
008
009
010
011
012
013
014
015
016

A seguir, alguns óleos bem populares e suas propriedades:

1. **Olíbano (ou frankinsence)**
   Ajuda a nos aproximar de Deus. É um dos óleos mais conhecidos e, quando combinado a qualquer outro, potencializa as propriedades do mesmo. Também auxilia no combate à asma e à tosse, em situações pós-traumáticas. É um ótimo aliado no tratamento de depressão pós-parto. Além disso, previne o envelhecimento da pele (acredita-se que era um dos segredos de beleza de Cleópatra), então vale misturar uma gotinha ao seu creme de rosto.

2. **Copaíba**
   Alivia dores de todo tipo — das de garganta às emocionais. Também funciona para tosse e picadas de inseto por ser antisséptico, anti-inflamatório e antifúngico. Originário da Amazônia, esse é um dos óleos mais potentes e um ótimo aliado contra a acne.

3. **Limão**
   Purifica a água e diminui o apetite. Muito bom para os rins, para acalmar as tosses e para combater a apatia.

4 Bergamota

Estimula e dá energia, como todos os óleos cítricos. Muito eficiente contra dores musculares, jet lag, distúrbios hormonais, cólicas e desvios de imagem.

5 Gengibre

Alivia todo tipo de problema de digestão e intoxicação alimentar — diarreia, vômitos, refluxos, enjoos, entre outros. Também melhora náuseas provocadas por viagens de carro e barco.

6 Sálvia

Ativa a memória, levanta o ânimo e melhora sangramentos na gengiva. Também refresca o hálito e combate sintomas ligados à menopausa.

7 Lavanda

Ajuda a dormir e a relaxar, inspira boas emoções, reduz a ansiedade e acalma. Ideal para o fim do dia.

8 Melaleuca (ou tea tree)

É um potente antisséptico. Uma única gota pode ser usada direto no local afetado e sobre picadas de inseto, além de ajudar a desinfetar pequenos cortes e a combater espinhas.

9 Hortelã-pimenta

Levanta o astral e afasta as energias negativas. Ótimo para começar o dia. Também é indicado para melhorar enjoos e ativar a circulação do sangue. Auxilia no combate às alergias da primavera e no alívio de qualquer tipo de dor muscular.

10 Sândalo (ou ylang-ylang)

É afrodisíaco e estimulante. Renova o aspecto da pele, reduz o estresse e dá aquela levantada no ânimo e na autoestima.

11 Alecrim

Alegra e melhora o astral. Além disso, rejuvenesce, fortifica o cabelo e facilita a respiração.

12 Cúrcuma

É antioxidante e anti-inflamatório, previne a perda de memória, reduz a ansiedade, melhora a digestão e alivia dores no corpo. Ingrediente coringa na medicina ayurvédica.

13 Cidreira

Ameniza dores de todo tipo, acalma o estado de espírito, alivia a ansiedade e melhora o sono.

Para encontrar um amor, ande com folhas secas de erva-cidreira e duas gotas desse óleo em um saquinho de pano vermelho.

14 Tomilho

Ajuda a combater infecções, tosses e problemas respiratórios, além de libertar dores e ressentimentos guardados por muito tempo e estimular o perdão. Compressas do óleo nas costas e na região torácica ajudam a fortalecer a imunidade em épocas de gripes e resfriados.

15 Orégano

Afasta gripes em estágios iniciais. Se encontrar um 100% puro, pingue duas gotas em um copo com água morna e tome para melhorar resfriados, dores de garganta e cólicas menstruais. É considerado um antibiótico e um antiviral natural.

16 Camomila

Acalma a mente, ajuda a combater a insônia e alivia queimaduras na pele e picadas de insetos. Também diminui olheiras – é só pingar uma gota em ¼ de copo de água gelada, embeber um pedaço de algodão e aplicar sobre os olhos fechados por cinco minutos.

20

– PARA –
BEBÊS E CRIANÇAS

3 simpatias para descobrir o sexo do bebê

1. Peça à futura mãe que dê a mão a você: se for com a palma virada para cima, vai ter uma menina; se for com a palma virada para baixo, um menino.

2. Esconda uma colher embaixo de uma almofada e um garfo embaixo de outra, sem que a grávida veja. Peça a ela que se sente sobre uma delas: se ela escolher a almofada sobre o garfo, vai ter um menino; se escolher a almofada sobre a colher, uma menina.

3. Pegue uma aliança (pode ser a da mãe) e passe um fio de linha por dentro dela. Depois, peça à grávida que se deite. Segure o fio com a aliança na ponta sobre a barriga da mulher e deixe que ele balance: se o movimento for circular, ela vai ter uma menina; se for para a frente e para trás, um menino.

Cores para as primeiras roupinhas

Escolher a cor das primeiras roupinhas do bebê é uma aventura divertida. A seguir, algumas dicas do que elas inspiram e atraem. Vale lembrar que uma fita para o pulso ou qualquer pecinha daquela cor também são bem eficientes para emanar as energias desejadas.

Amarelo: muito escolhido como a cor da primeira roupa que o recém-nascido veste. Ilumina e traz vida longa, sorte e prosperidade.

Azul: cor do equilíbrio, da calma e da tranquilidade.

Branco: transmite paz, leveza e pureza. Fácil de usar em todos os tipos de roupa do bebê.

Cinza mescla: atrai equilíbrio e flexibilidade.

Lilás: cor da espiritualidade, da transformação e da purificação.

Rosa: uma cor muito poderosa. Apesar de suave, é cheia de amor, felicidade, romantismo e beleza.

Verde: inspira serenidade, alegria e esperança de boas colheitas e de saúde. Também é uma cor que acalma os que convivem com o bebê.

Vermelho: traz proteção, sorte, amor e força. Por afastar o mau-olhado, é muito usada no dia em que a criança sai do hospital ou de casa pela primeira vez.

A lenda do sapatinho vermelho

Uma lenda da tradição cigana conta que os bebês escolhem as casas onde querem nascer. Eis que um deles estava muito aflito com sua escolha, temendo que ela trouxesse tristeza e sofrimento. A grande mestra, percebendo aflição daquele serzinho, pousou a mão em sua testa e disse: "Tenha confiança, sua vida na Terra será tranquila. Para que tenha certeza disso, enviarei para você um amuleto em forma de presente, que será uma garantia de sua saúde e felicidade". O bebê nasceu em uma casa de ciganos europeus e o seu primeiro presente foi um sapatinho vermelho, que o acompanhou por toda a vida, cheia de alegrias, glórias e muita saúde. Desde então, o sapatinho vermelho virou um amuleto de boa sorte.

Para funcionar, é importante que o calçado seja um presente.

Para o bebê não chorar durante uma viagem de carro

Coloque uma folha de jornal dobrada sobre a barriga do bebê.

4 simpatias para a criança começar a falar

1. Dê água para a criança dentro de uma casca de ovo.

2. Na primeira chuva de janeiro, pegue um pouco de água que escorrer do telhado e dê para a criança beber.

3. Coloque uma chave na boca da criança e faça o movimento de destrancar.

4. Pegue um pintinho novo, peça à criança que abra a boca e faça-o piar dentro da boca dela.

Para o bebê dormir melhor à noite

Na hora de deitar, ponha no berço a camiseta ou o body que ele usou durante o dia inteiro.

Para o bebê não trocar o dia pela noite

Depois de dar banho no bebê, vista-o com a roupa pelo avesso e coloque-o para dormir com a cabeça em direção aos pés da cama. Nas noites seguintes, mantenha duas folhas de manjericão embaixo do travesseiro da criança até que ela acerte o horário.

Para o bebê não chorar à noite

Deixe uma peça do pijama do pai embaixo do travesseiro do bebê.

Para a criança não ter pesadelo

Coloque um pouquinho de sal — pode ser dentro de um saquinho de pano ou embrulhado num guardanapo, tudo vale — embaixo do travesseiro da criança.

3 simpatias para depois que o cordão umbilical cair

Para o bebê ter sorte: enterre o cordão umbilical perto da porteira de entrada de uma fazenda.

Para o bebê ser pontual: queime o cordão umbilical.

Para o bebê ser bonito e ter saúde: enterre o cordão umbilical embaixo de uma roseira.

2 simpatias para o bebê começar a andar

1. Varra o chão na frente da criança todos os dias antes do meio-dia.

2. Por três domingos seguidos, peça para a madrinha segurar as mãos do bebê e ajudá-lo a dar passinhos enquanto a mãe varre o chão atrás dele.

2 simpatias para a criança comer melhor

1. No primeiro dia de lua cheia, tire a polpa de um abacate, deposite o caroço dentro de um copo com água e deixe-o passar a noite sob o luar. No dia seguinte, sempre que for alimentar a criança, ponha o copo com o caroço perto de vocês. Quando ele brotar, a criança vai começar a comer melhor. Plante-o na terra ou em um vaso.

2. Durante três dias consecutivos, recolha o resto de comida do prato da criança no almoço e no jantar. No quarto dia, coloque a comida em um prato branco e ofereça-a a São Cosme e a São Damião, pedindo que a criança coma bem e tenha muita saúde. Depois, deixe o prato em um jardim.

Para o bebê parar de soluçar

Pegue um chumacinho de lã de um casaco ou do cobertor do bebê e cole com sua saliva na testa dele. Um pedacinho de papel também funciona.

Para curar sapinho

Pegue um pedaço de fralda limpa ou de gaze, enrole no dedo indicador da mão que você mais usa e passe com cuidado na boca da criança, pedindo que o mal vá embora. Ao terminar, jogue o pedaço de fralda ou de gaze no telhado. O mal vai junto.

Mantra om > p. 239

Crie o seu mantra
> p. 242

21

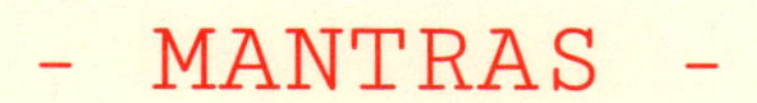
- MANTRAS -

Mantras são sons, palavras ou frases considerados puros, cuja reverberação — e não seu significado propriamente dito — tem poder espiritual ou mágico. Esses sons provocam efeitos distintos na nossa mente, nas nossas emoções e no nosso corpo; e a ciência moderna já comprovou sua eficácia para tratar problemas psicológicos e físicos.

Mantra om

Como fazer

Sente-se com a coluna ereta e a cabeça alinhada acima do tronco. Relaxe os ombros e o corpo, sentindo o contato dos quadris com a superfície abaixo de você. Entregue-se à gravidade e faça o menor esforço possível.

Feche os olhos e atente-se à sua respiração e às suas sensações por alguns ciclos respiratórios.

Em seguida, inspire, abra a boca e solte o ar pronunciando "aaah" durante toda a exalação. Enquanto isso, sinta a vibração na área do umbigo. Faça sete repetições.

Depois, inspire e, ao expirar, pronuncie "uuuh" até o fim. Repita mais sete vezes, sentindo a vibração na área da junção das costelas.

Agora, inspire e pronuncie o som "mmm" até o fim da exalação. Faça outras sete repetições, sentindo a vibração na garganta.

Por fim, inspire e, quando for expirar, comece com a boca aberta pronunciando "aaah", vá fechando até pronunciar o "uuuh" e finalize com os lábios se tocando em "mmm".

Tente perceber a vibração do A iniciando na região do seu umbigo até se transformar na vibração do M chegando à ponta do seu nariz. Repita o mantra AUM algumas vezes, sentindo seus efeitos.

Pratique diariamente por alguns minutos.

Significado

Na obra *Os yoga sutras de Patanjali*, há um aforismo que diz: "A palavra que expressa Ísvara é o som místico OM". Ísvara, que também pode ser chamado de Deus, é a força motriz do universo, a manifestação de tudo o que existe e a mente cósmica que mantém o mundo em funcionamento.

Para expressar a ideia de Ísvara, os Vedas — as mais antigas escrituras do hinduísmo — lhe dão o nome OM. Esse mantra é constituído de um silêncio e a vocalização das letras A, U e M seguidas de outro silêncio. Esses sons representam os três estados da consciência: acordado

(A, com a boca aberta), sonho (U, com a boca menos aberta) e sono profundo (M, com os lábios fechados suavemente). O quarto estado é a consciência sempre presente, considerada a verdade de Ísvara.

Os iogues acreditam que a repetição desse mantra nos ajuda a sentir a presença do divino.

O OM não aparece apenas no hinduísmo e na filosofia dos iogues. No cristianismo, a palavra "amém", que significa "assim seja", contém esses mesmos sons.

Benefícios

O mantra OM nos traz para o momento presente e pode servir para engatar práticas físicas e meditações. Quando nos conectamos com a sua vibração, ele atrai paz e serenidade. Os indianos também recomendam a entoação do OM para pessoas com problemas psicológicos. De acordo com os iogues, a repetição diária do OM por alguns minutos pode ajudar em casos de medo excessivo, pesadelos, mente e corpo instáveis, constituição física fraca e déficit de atenção.

Tente usar esse mantra com bebês agitados. Quando estiver deitado, coloque o bebê sobre o peito, com a cabeça dele no seu osso esterno, e entoe o mantra. O bebê tende a se acalmar.

CRIE O SEU MANTRA

Monte a sua frase e lembre-se dela sempre que precisar de um sinal divino.

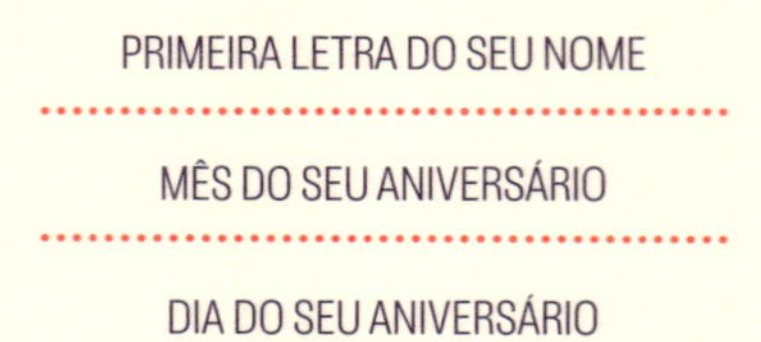

PRIMEIRA LETRA DO SEU NOME

A	Deus
B	Jesus Cristo
C	O Espírito Santo
D	A Virgem Maria
E	São José
F	A Sagrada Família
G	Meu anjo da guarda
H	O Senhor
I	A Unção do Espírito
J	A Mãe de Deus
K	A Cruz de Cristo
L	O Arcanjo Miguel
M	O Céu inteiro
N	O sangue de Jesus
O	A Santíssima Trindade
P	O Arcanjo Rafael
Q	Nossa Senhora
R	O Filho de Maria
S	A Força Divina
T	O Filho de Deus
U	Santa Terezinha
V	Santa Rita de Cássia
W	A Paz do Senhor
X	O Amor de Deus
Y	O Arcanjo Gabriel
Z	Jesus de Nazaré

MÊS DO SEU ANIVERSÁRIO

JAN	conduz	JUL	ajuda
FEV	ampara	AGO	ilumina
MAR	protege	SET	fortalece
ABR	cuida	OUT	orienta
MAIO	socorre	NOV	guarda
JUN	guia	DEZ	sustenta

DIA DO SEU ANIVERSÁRIO

01	todo o meu ser	17	o meu aprendizado
02	a minha família	18	a minha vontade
03	o meu coração	19	o meu futuro
04	a minha caminhada	20	a minha vocação
05	a minha saúde	21	os meus amigos
06	minhas decisões	22	os meus sonhos
07	o meu corpo	23	o meu interior
08	os meus pensamentos	24	as minhas conquistas
09	a minha trajetória	25	a minha jornada
10	o meu chamado	26	o meu temperamento
11	as minhas vitórias	27	a minha vida
12	os meus sentimentos	28	meu dia de hoje
13	os meus passos	29	o meu sucesso
14	as minhas atitudes	30	o meu espírito
15	o meu trabalho	31	a minha entrada no céu
16	a minha casa		

22

– PARA –
SORTE E PROTEÇÃO

KALI MUDRA

Gesto da transformação e da destruição de forças malignas

KALI MUDRA

Como fazer

Una as palmas das mãos, entrelace todos os dedos e estique os indicadores, pressionando um contra o outro. O polegar esquerdo deve ficar por cima do direito, uma vez que o lado esquerdo representa o feminino e este mudra invoca a força da deusa Kali.

Significado

Na mitologia hindu, Kali representa a Mãe Natureza e é a deusa da destruição, especialmente de forças malignas. Ela é o símbolo da ferocidade feminina, determinada a superar desafios e a demolir o necessário para dar lugar às transformações.

Kali deriva da palavra *kala*, que em sânscrito significa "tempo", representando a energia que está em constante fluxo e mudança, a vida e a morte — a impermanência.

Ela destrói o velho para abrir espaço ao novo. Kali nos lembra de que situações e pessoas desafiadoras que surgem em nossas vidas são fonte de crescimento pessoal e de fortalecimento.

Benefícios

Se você estiver passando por um período difícil, utilize este mudra para se lembrar de que tudo é impermanente e de que dias melhores virão. Isso vai facilitar a aceitação do que não pode ser alterado no momento presente.

O Kali Mudra também estimula a coragem, a resiliência e a autoconfiança de que precisamos para tomarmos as atitudes necessárias e gerar transformações.

Se você sentir que existe algo ou alguém de que precisa se desconectar para seguir em frente, esse mudra pode facilitar o desapego.

Para agradecer ao anjo da guarda

No ponto mais alto do seu banheiro, mantenha um copo cheio de água em homenagem ao seu anjo da guarda. Sempre que encher o copo, agradeça-lhe por toda a proteção e inspiração que proporciona a você.

Oração para pedir proteção ao arcanjo São Miguel

São Miguel à frente para me defender.
São Miguel atrás para me proteger.
São Miguel à esquerda e à direita para me acompanhar.
São Miguel acima para me iluminar.
São Miguel abaixo para me sustentar.
São Miguel, São Miguel, São Miguel.
Sou o seu amor que me protege aqui.
Que sejam transmutadas todas as forças negativas
que tentam me escravizar.

Para São Francisco de Assis afastar o mau-olhado

Antes do meio-dia do dia 4 de outubro, amarre uma fita vermelha no calcanhar direito da pessoa a ser protegida e peça a São Francisco que olhe por ela durante o ano. Depois, faça uma oração de que você goste. No dia seguinte, no mesmo horário, retire a fita. A pessoa vai estar protegida até o dia 4 de outubro do ano seguinte. O ritual também pode ser feito para animais.

Para movimentar as energias com o sinal do infinito

Essa prática pode ser feita a qualquer momento de um dia em que as coisas estejam indo mal. Peça ajuda a uma pessoa de sua confiança. Vocês vão ficar em pé de frente uma para a outra, e ela vai fazer o sinal do infinito, com a mão que mais usa, diante do seu corpo — da cabeça aos pés, de frente e de costas. O resultado vai ser o alívio de energias acumuladas e uma sensação agradável de quem acabou de chegar em casa.

Rezadeiras

O Brasil está repleto de rezadeiras, senhoras que benzem as pessoas contra o mau-olhado e outros males. Muita gente que sofre com dores de cabeça, angústias ou dificuldade para curar doenças vai à casa delas para pedir oração. Todas rezam com um ramo recém-tirado de uma planta qualquer em mãos. Algumas pedem que a pessoa que vai receber a oração segure um copo com água e sal para beber depois de ser benzida. Elas não cobram nada e afirmam que todos os que têm fé recebem a graça de Deus. Quem reza precisa estar disponível para ajudar quem precisa, quando precisa. Não se reza por ninguém ao meio-dia nem depois que o sol baixar.

A seguir, duas orações que essas senhoras usam para afastar o mau-olhado. As preces devem ser repetidas enquanto se faz o sinal da cruz diante da pessoa que vai ser benzida.

Para tirar o quebranto e o mau-olhado • 1

Deixe um prato fundo com água e um pires com azeite ao lado da pessoa a ser benzida. Depois, pegue um ramo e, fazendo o sinal da cruz com ele, reze baixinho:

> Deus te viu, Deus te criou,
> Deus te livre de quem para ti
> com mal olhou.
> Em nome do Pai, do Filho
> e do Espírito Santo,
> Virgem do pranto,
> quebrai este quebranto.
> (FAZER UM BREVE SILÊNCIO.)
> Com o poder de Deus que Deus te cure. Amém.

Dito isso, molhe o dedo no azeite e deixe cair três gotas no prato com água. Se as gotas se abrirem, ainda há quebranto. Repita a oração até as gotas ficarem intactas na água. Quando terminar, reze um Pai-Nosso, um Glória ao Pai e uma Ave-Maria, e despreze o ramo usado.

Para tirar o quebranto e o mau-olhado • 2

Com a pessoa em pé diante de você e um galho de árvore ou ramo de arbusto em mãos, reze fazendo o sinal da cruz em frente ao corpo dela.

Comece com um Pai-Nosso, um Glória ao Pai e uma Ave-Maria.

(DIZER O PRIMEIRO NOME DA PESSOA A SER BENZIDA.)
Deus te gerou,
Deus te generou,
olhado e quebranto,
desse mal Deus te curou.
Se for na tua gordura
ou na tua formosura,
nas tuas carnes
ou na tua feiura,
nos teus olhos,
nos teus cabelos,
no teu comer,
na tua disposição,
na tua boniteza,
no teu trabalho,

na tua inteligência,
no teu bom sentido,
no teu pensamento.
Se foi inveja,
se foi má vontade,
que seja saído,
que seja tirado,
pelo poder de Deus
e da Virgem Maria.
Amém.
(FAZER UM BREVE SILÊNCIO.)
Com o poder de Deus que Deus te cure. Amém.

Depois, reze um Pai-Nosso, um Glória ao Pai e uma Ave-Maria.

Repita esse ritual completo três vezes, e despreze o ramo fora de sua casa. Pode ser em uma lixeira de rua ou em um jardim.

Proteção do círculo de luz

Antes de dormir, sentado(a) na cama, respire profundamente algumas vezes até sentir a calma tomar conta de seu corpo. Relaxe as mãos e a cabeça, solte os ombros e mentalize as palavras "paz" e "amor".

Na sua testa, entre as sobrancelhas, localiza-se o terceiro olho, que representa a intuição e a percepção sutil. Visualize uma luz dourada saindo desse ponto e crescendo em espiral, no sentido horário, até envolver você por inteiro, como se fosse uma bolha.

Trata-se de uma luz de proteção. Só tem permissão para entrar nesse casulo o que faz bem: amor, saúde, felicidade e gratidão. Tudo que causar mal vai bater na luz e se afastar.

Essa prática pode ser usada sempre que você sentir necessidade e é altamente recomendada para pessoas com tendência à ansiedade, depressão, sono agitado e insônia.

Para São Pedro proteger a casa

Na véspera do dia de São Pedro, 29 de junho, pegue um copo nunca usado, encha-o de água e coloque a chave da porta principal de sua casa dentro dele, dizendo em voz alta: "São Pedro, apóstolo e guardião, envolvei a minha casa e a minha família com vossa proteção". Deixe o copo ao relento ou perto de uma janela que dê para fora de casa por uma noite. No dia seguinte, despeje a água em um vaso de planta e repita a oração em voz alta. Seu lar vai estar protegido até o ano subsequente.

Para São Cristóvão proteger as viagens

Se você viaja muito, mantenha uma imagem do santo na carteira. Antes de partir, reze o salmo 125 em homenagem a ele e deixe cinco moedas num vaso de planta perto da saída da cidade.

Para Santa Rita de Cássia conceder proteção

No dia da santa, 22 de maio, vá a uma missa consagrada a ela levando um buquê de rosas vermelhas. Guarde uma das pétalas com você e distribua todas as outras a pessoas que precisem da mesma bênção ao longo do ano.

Flores para Iemanjá

Se passar o Réveillon perto do mar, ofereça flores brancas a Iemanjá pedindo um ano próspero e feliz. Ela também vai gostar de receber um pouco de perfume (seja generoso) e goles de champanhe. Jogue somente as flores e os líquidos no mar. Orixá vaidosa, Iemanjá gosta de mimos e concede força vital, pureza e proteção aos que a reverenciam.

2 simpatias para ter sorte no novo ano

1. Na Dinamarca, aconselha-se a passar a virada do ano em cima de um sofá ou de uma cadeira. Depois da meia-noite, você pula do sofá ou da cadeira para o próximo ano e, com isso, garante sorte.

2. Os ingleses acreditam que passar a virada do ano com sal, carvão ou uma nota de dinheiro no bolso traz sorte. Em algumas regiões da Inglaterra, as pessoas colocam até migalhas de pão!

Comer uvas

Na hora da virada, coma sete uvas para ter alegria e fartura. A tradição espanhola diz que quanto mais uvas você conseguir comer enquanto soam as doze badaladas, mais sorte vai ter no ano que está começando — mas os adeptos afirmam que sete já são suficientes.

2 simpatias para afastar o mau-olhado do bebê

1. Dê um beijo no bumbum do bebê.

2. Dê leves tapinhas na sola dos dois pés do bebê.

Para afastar um pensamento ou uma pessoa

Pegue um copo de vidro transparente e limpo e vá a uma área aberta de sua casa. Sozinho, pense em tudo o que o preocupa. Seja detalhista, descreva a situação ou a pessoa que está ocupando sua mente e vá despejando tudo dentro do copo, como se fosse água. Quando terminar, com cuidado para não se machucar, quebre-o. Em seguida, abaixe-se e recolha todos os cacos, agradecendo pela resolução da situação ou por ter afastado a pessoa da sua vida. Despreze normalmente os pedaços de vidro no lixo, embrulhados em jornal, e usufrua da mudança de energia.

Para anular as energias negativas de um dia difícil

Ao chegar em casa, lave as mãos com água e sabão, com especial esmero. Esfregue entre os dedos e perto das unhas, e enxágue. Depois, pegue um punhado de sal e esfregue bastante nas mãos. Retire todo o sal na água corrente — ele deve sair sozinho. Seque as mãos sem esfregar e siga sua rotina normal. Se gostar do ritual, pode repeti-lo todos os dias.

Para afastar o azar

Mentalize coisas boas e acenda um defumador abre caminho (que pode ser encontrado em casas esotéricas). Passe a fumaça por todo o seu corpo enquanto continua pensando no melhor para você. Quando o tablete acabar, vá para uma área aberta, sopre as cinzas e diga: "Sai, azar, afaste-se de mim. De hoje em diante, meu azar chegou ao fim". Depois, acenda uma vela branca em um pires e diga: "Os que esperam no Senhor renovarão suas forças". Deixe a vela queimar até o fim, lave o pires e use-o normalmente.

Nhoque da sorte

Todo dia 29, prepare um prato de nhoque com o molho de sua preferência. Ao servir, deposite uma nota de qualquer valor embaixo do recipiente em que vai comer. Se quiser, também pode escrever em uma folha de papel pedidos que você gostaria que acontecessem até o próximo mês. Coma o nhoque (há quem coma as primeiras sete bolinhas ainda de pé) e guarde na carteira o dinheiro e a folha com os desejos até o próximo dia 29. Nessa data, dê o dinheiro a uma pessoa que precise e queime o papel com os pedidos.

O costume chegou ao Brasil na década de 1970 através de imigrantes italianos que viviam na Argentina. A lenda do nhoque da fortuna ("sorte", em italiano) surgiu muito antes da colonização da América e de a batata ter sido exportada para o continente europeu. Naquela época, fazia-se nhoque com semolina e ovos.

Dizem que, em um dia 29 de dezembro, São Pantaleão — o santo cujo sangue da relíquia se liquefaz uma vez por ano — chegou a uma casa muito humilde em uma cidade do sul da Itália e pediu algo para comer. Os anfitriões convidaram-no a se sentar à mesa, e todos receberam um prato com sete bolinhas de nhoque — tudo o que a família tinha e podia oferecer. Quando foram lavar os pratos, os moradores descobriram uma moeda de ouro embaixo de cada um deles. Era o agradecimento do santo pela divisão de tão pouco para aplacar sua fome.

Alho para proteção

Não é por acaso que o alho é muito popular em filmes de vampiros. Ele tem mesmo um grande poder de limpeza e purificação espiritual. Há quem ande com um pedaço de alho no umbigo, para limpar o centro energético, e há quem tenha sempre um dente de alho dentro do bolso, para afastar a inveja e o mau-olhado. Se quiser afastar energias negativas e estagnadas, guarde um dente de alho na gaveta do escritório e troque-o sempre que murchar.

Alho para purificação

Depois de uma briga feia, coloque um copo com água e com um dente de alho em cada canto do cômodo onde ocorreu o desentendimento. Tomar banho com uma infusão de alho também garante uma limpeza energética poderosa.

3 simpatias para afastar energias negativas

1. Em um pires, corte um limão em cruz, sem separar as partes, e ponha bastante sal grosso no meio. Deixe sua intuição dizer em que lugar da casa ele deve ser colocado, e só tire-o dali quando ela avisar. Quando isso acontecer, despreze o limão e o sal na natureza, e use o pires normalmente.

2. Quando estiver numa situação ruim ou perceber uma energia ou uma pessoa negativa ao seu redor, faça dois círculos unindo o dedo indicador e polegar, depois junte-os formando o sinal do infinito com as mãos. Atenha-se então à sua respiração e tente ficar assim por um minuto. A energia pesada vai se dissipar.

3. Ao acordar, repita a palavra "gratidão" três vezes. No banho, mentalize a água levando tudo de ruim e cobrindo você com uma camada protetora. Sempre que usar uma chave, imagine que está abrindo uma porta para realizar seus sonhos e seus desejos mais profundos. E, toda vez que tomar café ou chá, aproprie-se do calor e da alegria do momento e carregue-os com você o dia todo.

Derramar vinho

Derramar vinho durante uma festa ou uma refeição é sinal de sorte. Para espalhar a alegria e as boas vibrações, molhe o dedo indicador da sua mão predominante na bebida e faça o sinal da cruz na testa de todos os que estiverem à mesa. Se houver muita gente, faça nos que estiverem mais próximos de você ou nos que presenciaram o incidente.

Brindar com a mão do coração

Use a mão esquerda, a do coração, na hora de brindar. Olhe nos olhos das pessoas com quem está compartilhando o momento e beba logo depois de os copos se chocarem. Nunca coloque o copo de volta à mesa sem dar um gole. Se estiver inspirado, repita a linda tradição espanhola e diga: "Saúde, amor e tempo para desfrutá-los".

Para voltar a uma casa

Sempre saia pela mesma porta que entrou e, se possível, espere que algum morador abra a porta.

> Há muito tempo, a porta de entrada da casa simboliza o acesso à intimidade de quem vive ali e deve ser protegida contra a invasão do mal. No Egito antigo, o deus da morte, Set, era muito associado às tempestades, por isso as pessoas que estavam da porta para dentro se sentiam mais protegidas, pois a morte teria mais dificuldade de atingi-las.
>
> O hábito de entrar e sair pela mesma porta consta em registros de muitas épocas e lugares, mas os primeiros são do Egito. Era uma forma de o visitante não trazer más vibrações nem levar as boas energias da casa. Na época, quem não aceitasse cumprir o costume era visto com ressalva e nunca mais convidado a voltar.

Entrar com o pé direito

Sempre entre com o pé direito em casa, no trabalho, no quarto, no avião, no ônibus, no carro e em todos os lugares por onde passeia. Se conseguir, também saia da cama com ele. Segundo a medicina oriental, nosso lado direito está associado à ação, por isso, entrar nos lugares com o pé direito é um prenúncio de energia e boa disposição.

Ir para cama com o pé esquerdo

Na hora de dormir, entre na cama com o pé esquerdo. Segundo os médicos orientais, esse é o lado da absorção, do aconchego e da calma. Entrar na cama com o pé esquerdo pode ser um prenúncio de um sono tranquilo.

23

- AMULETOS -
E OBJETOS SAGRADOS

Agnus Dei

Um dos objetos sacramentais mais antigos da Igreja católica, *Agnus Dei* significa "Cordeiro de Deus" em latim e remete Àquele que tira o pecado do mundo. Em formato oval ou de coração, com a imagem de um cordeiro impressa, esse item sagrado tem uma abertura onde se coloca cera benta para proteger o usuário contra maus espíritos. Registros apontam que, desde o século IX, em Roma, fiéis guardavam fragmentos da cera da vela do Círio Pascal junto ao corpo. Os Agnus Dei eram cunhados no sábado anterior ao Domingo da Ressurreição e distribuídos no sábado seguinte à Pascoa, devidamente abençoados. Foi em 1470, por ordem do papa Paulo II, que o objeto passou a ser confeccionado exclusivamente pela Igreja.

Árvore da Vida

Simboliza a fecundidade, a imortalidade, a longevidade e a proteção. Presente em várias religiões, a Árvore da Vida é considerada um poderoso talismã e faz alusão aos ciclos da existência, à ligação entre terra e sol, ao enraizamento e também à aspiração às alturas, ao equilíbrio e à iluminação. Árvores com raízes profundas e copas amplas são grandes professoras — Isaac Newton, por exemplo, deduziu a lei da gravidade depois que uma maçã despencou em cima da sua cabeça, e Sidarta Gautama, o Buda, acordou para os ensinamentos do budismo depois de passar 49 dias e 49 noites meditando sob uma *bodhi*, árvore da espécie *Ficus religiosa*. O talismã costuma ter o formato de um círculo, com as raízes e a copa da árvore do mesmo tamanho, e deve ser usado junto ao corpo ou em lugar de inspiração. Muitos o tatuam.

Daruma

É um tipo de boneco japonês que tem os dois olhos em branco. Para alcançar uma graça, pense no que deseja e pinte o olho esquerdo do boneco. Quando o pedido se realizar, pinte o outro. A partir do momento em que estiver com os dois olhos pintados, o boneco vai atrair sorte e iluminação, e pode ser usado como um talismã. Os darumas surgiram no século XVI e eram usados para combater a varíola. Acreditava-se que a doença era transmitida pelo demônio Hōsōshin, que temia a cor vermelha, daí a cor dos bonecos. Eles não têm pálpebras em homenagem ao monge Bodhidharma, que, irritado por ter adormecido ao meditar, cortou as próprias pálpebras. Dizem que, no ponto exato onde elas tocaram o solo, nasceram os primeiros brotos de chá verde.

Elefante

Vem da Ásia e da África a tradição de manter um elefante de costas para a porta de entrada da casa para afastar energias negativas e atrair sorte, prosperidade e longevidade. Uma lenda do budismo conta que, antes de ficar grávida de Sidarta, a rainha Maya sonhou que um elefante branco entrava em seu útero através de sua axila. Na China, esses animais são símbolos de boa sorte e fertilidade. O deus hindu da sabedoria, da fortuna e da destruição de obstáculos, Ganesha, tem corpo de homem e cabeça de elefante. Na Tailândia, o elefante branco é especialmente reverenciado e usado, sempre de costas, na decoração de casas e no comércio. Recomenda-se acariciar sua tromba antes de sair de casa, para que o dia seja mais frutífero e traga saúde e felicidade.

Escapulário

Diz a tradição que, no ano de 1251, Nossa Senhora do Carmo apareceu, com um escapulário em mãos, a São Simão Stock e disse algo semelhante a: "Aquele que morrer usando o escapulário será salvo". Por muitos anos, os escapulários, sinal de devoção a Nossa Senhora, foram confeccionados por freiras carmelitas e traziam um pedaço de tecido da veste do religioso que fizera a peça. Hoje, existem inúmeras versões do cordão. Muitos papas eram devotos do escapulário, inclusive João Paulo II. Acredita-se que quem usa o item tem proteção e intercessão especial da Virgem Maria perante Jesus, na vida e na morte.

Fita do Senhor do Bonfim

Oriunda de Salvador, na Bahia, pode ter várias cores e deve ser amarrada no punho ou no calcanhar com três nós. Ao atar cada um deles, é preciso mentalizar um pedido, que deve ser mantido em segredo — todos eles vão ser realizados até a fita se romper por desgaste natural. A primeira versão da fitinha foi criada em 1809 e tinha exatos 47 centímetros, correspondendo ao comprimento exato do braço direito da estátua de Jesus Cristo que fica no altar da Basílica do Senhor do Bonfim, em Salvador. A "medida", como era chamada na ocasião, tinha o nome do santo bordado à mão e era usada no pescoço como um sinal de que aquela pessoa havia alcançado uma graça do Senhor do Bonfim. Foi na década de 1960 que a versão atual se tornou popular, espalhando-se por todo o Brasil.

Japamala

É um cordão sagrado de 108 contas usado para guiar práticas de meditação. *Japa*, em sânscrito, é o ato de sussurrar nomes de divindades e mantras repetidas vezes e está ligado à força espiritual da prática. *Mālā*, que significa "guirlanda" ou "coroa", representa a dimensão material, o movimento das energias necessárias para este mundo. Na filosofia iogue, o número 108 é sagrado e mágico — acredita-se que, ao completar 108 repetições de qualquer prática, alcançamos um estágio superior, ou seja, transcendental, em que as ansiedades e as frustrações são superadas e atingimos um estado de consciência mais puro.

Kaeru

No Japão, as rãs e os sapos são sinônimos de boas energias, riqueza e felicidade. Quem tem um kaeru na carteira sempre vai ter de volta o dinheiro gasto. Ele também é usado como amuleto de viagens, para ir e voltar em segurança. A versão chinesa, chamada de "sapo da fortuna", é um sapo-boi geralmente feito de metal e coberto de moedas. Deve-se depositar uma moeda de uso corrente dentro de sua boca aberta para atrair fortuna e prosperidade.

Maneki neko

Um dos amuletos mais populares do Japão, o "gato que chama com um gesto" atrai prosperidade para os negócios. O item é composto de um gatinho sentado, com uma das patas levantada, acenando — se for a esquerda, atrai clientela; se for a direita, dinheiro. Dentre as várias cores de maneki neko, a mais popular é a tricolor, porque gatos tricolores são considerados raros, trazendo sorte. O maneki neko branco simboliza a pureza, já o preto afasta o mal e cura crianças de enfermidades.

Mão de Fátima

Também conhecida como "hamsá" ou "chamsá", é um símbolo bastante antigo ligado a várias religiões, como o islamismo, o judaísmo e o budismo. Muito popular no Oriente Médio, aparece em azulejos, chaveiros e joias, sendo empregada para afastar o mau-olhado e a inveja, além de trazer sorte, felicidade e fortuna. Fátima era uma das filhas do profeta Maomé, e alguns afirmam que se tratava de sua preferida.

Apesar de o Alcorão vetar o uso de amuletos, o objeto é popular entre os muçulmanos, que o associam aos cinco pilares do islamismo: fé, caridade, oração, peregrinação e jejum. No budismo, o símbolo aparece em um dos mudras (consulte a página 93) usados para dissipar o medo. Escavações arqueológicas mostram que ele também foi usado pelos fenícios durante muitos séculos. Na tradição mexicana, é conhecida como La Mano Poderosa e, entre os judeus, como a Mão de Miriam, irmã de Moisés, e os cinco dedos estariam ligados aos cinco livros da Torá.

Medalha de São Bento

Proteção contra epidemias, venenos, doenças e perigos materiais e espirituais, esse amuleto parece ter surgido em algum momento do século XVII na região da atual Alemanha. Além da cruz de São Bento, a medalha contém iniciais que remetem a palavras em latim, pedindo proteção e iluminação para o usuário.

Medalha milagrosa

No dia 19 de julho de 1830, a freira Catarina Labouré ouviu uma voz de criança pedindo a ela que fosse à capela do convento onde vivia, na Rue du Bac, em Paris, porque Nossa Senhora a esperava. A Virgem estava lá e, em uma série de aparições, pediu entre outras coisas que a freira cunhasse a medalha milagrosa. De um lado do objeto, há a imagem de Nossa Senhora das Graças esmagando a cabeça de uma serpente, uma analogia ao mal. Do outro, estão doze estrelas — representando os apóstolos —, a inicial do nome de Maria, uma cruz, um coração transpassado por uma espada e outro com uma coroa de espinhos, dois símbolos do Calvário. Maria prometeu que quem usasse a medalha seria coberto de graças.

Mensageiro dos ventos

Colocados em local de passagem de ar, os móbiles com sinos nas pontas emitem um som relaxante que traz tranquilidade e paz a quem escuta. A tradição chinesa diz que eles movimentam energias estagnadas e purificam os ambientes, espantando a inveja e o mau-olhado e atraindo harmonia e proteção. É possível pendurar pedras nos sinos para somar as propriedades da rocha ao amuleto protetor.

Muiraquitã

Relatos da época da colonização do Brasil contam que os indígenas, sobretudo os habitantes do Baixo Amazonas, usavam pingentes feitos de pedras verdes em formato de sapo. Segundo a lenda, naquele tempo havia uma tribo somente de mulheres, as icamiabas, que sabiam caçar e lutar, e viviam sem a presença de homens. Uma vez por ano, na lua cheia, elas realizavam uma festa em que recebiam machos para acasalar. Dizem que guerreiros de toda parte viajavam para a região do rio Nhamundá para, quem sabe, ter a honra de possuir uma mulher guerreira.

Os festejos duravam dias, mas o acasalamento só acontecia na noite em que a lua, Jaci, mãe dos frutos, refletia inteira e redonda nas águas do lago Jaci-Uaurá.

Depois do encontro amoroso, as mulheres férteis mergulhavam no lago e recebiam da mãe do Muiraquitã uma argila especial, que moldavam enquanto voltavam para a margem. Os escolhidos para o ritual recebiam o amuleto. Se as mulheres parissem um menino, eles eram dados ao pai para que o criasse. Os amuletos mais comuns tinham o formato de rã, mas também havia tartarugas e cobras. Essas pecinhas eram usadas para atrair fertilidade, sorte, proteção, amor e felicidade, e consideradas um tesouro a ser passado de geração em geração.
Os muiraquitãs seguem populares no Brasil e, ainda hoje, são feitos de argila. Segundo a tradição, esses amuletos são mais poderosos quando ganhados de presente e devem ser carregados junto ao corpo ou posicionados em um local da casa que precise de proteção.

Olho grego

Usado por fenícios, assírios, gregos e romanos, o olho grego — também chamado de "olho turco", "olho de Deus" e "nazar" — é conhecido há séculos. Um dos mais antigos foi encontrado em uma escavação em Tell Brak, uma das cidades da antiga Mesopotâmia, onde fica a atual Síria, e data de 3300 a.C. Acredita-se que o azul profundo, da versão mais popular atualmente, absorva as energias negativas e afaste o mau-olhado. É impossível passear pela Grécia ou pela Turquia sem esbarrar em dezenas deles. Esses amuletos são usados em chaveiros, colares e brincos e, em sua versão maior, pode ser colocado na entrada de casa ou em um cômodo que precise de proteção.

Peixe

Símbolo de fartura para os cristãos e de sorte e prosperidade para os chineses, é preciso, de acordo com estes, ter pelo menos um par em casa. Em algumas partes da Ásia, o peixe também é associado aos bons negócios e ao sucesso na carreira profissional. As sardinhas de Lisboa, criadas no século XIX em uma fábrica de faiança, são consideradas por muitos um amuleto para atrair sorte e alegria.

Terço

Por volta do ano 800 d.C., os leigos, que em geral não sabiam ler, rezavam 150 Pai-Nossos, 150 Ave-Marias e 150 louvores a Jesus Cristo, enquanto os frades e outros religiosos rezavam os 150 salmos. Esses conjuntos de orações chamavam-se, respectivamente, Saltério dos Leigos e Saltério Angélico. A tradição católica diz que, em 1214, São Domingos de Gusmão, doente e cansado de tentar converter pessoas ao catolicismo, teve uma visão de Nossa Senhora em que a santa lhe disse: "Se queres alcançar as almas endurecidas, reza meu Saltério". A peça desenvolvida por São Domingos tem cinquenta contas e representa um terço das 150 orações do Saltério original. O rosário, às vezes confundido com o terço, remete ao conjunto total das orações. Seu nome faz menção a uma coroa de rosas: dizem que em muitas de suas aparições Nossa Senhora tinha um terço em mãos, e acredita-se que cada Ave-Maria rezada representa uma rosa dada à santa. Deve-se rezar o terço sem pressa e sempre com uma intenção. Para conseguir qualquer graça de Nossa Senhora, reze oitenta terços entre os dias 1º e 24 de dezembro.

Para proteção e iluminação, durma com um terço embaixo do travesseiro.

Tourinhos de Pucará

É normal deparar com dois touros de cerâmica no telhado das casas ao passear pelo interior do Peru. Esses amuletos são feitos na região de Pucará, nos Andes, considerada uma das maiores áreas de produção de cerâmica da América. A argila encontrada nesse lugar era conhecida pelos povos ancestrais da região, bem como as técnicas usadas para moldar os objetos.

Diz uma lenda que, numa época de seca, um fazendeiro resolveu sacrificar seu touro aos deuses para que mandassem chuva. A caminho do lugar onde seria morto, o animal anteviu a desgraça e empacou — fez tanta força para não sair do lugar que a rocha sob ele rachou, liberando um jorro de água que irrigou a vila inteira. Um par de touros é posto nos telhados para atrair proteção, fertilidade, prosperidade e sorte. Se ganhados de presente, têm ainda mais poder.

24

– PARA –
RENOVAÇÃO E FELICIDADE

LOTUS MUDRA

Gesto da pureza, do crescimento pessoal, do amor e da gentileza

LOTUS MUDRA

Como fazer

Traga as duas mãos à frente do peito e una apenas as bordas da base (o carpo) e as pontas dos dedos, formando o broto da sua flor de lótus. Abra-as, mantendo contato apenas entre as bases, a ponta dos mindinhos e a lâmina externa dos polegares. Afaste os dedos o máximo que puder e respire profundamente algumas vezes. Depois, volte a fechar as mãos no formato do "broto", mas continue o movimento, unindo a unha dos dedos de ambas as mãos até que os dorsos se encontrem e elas fiquem penduradas para baixo. Sustente um pouco a posição enquanto respira.

Em seguida, faça o movimento contrário até abrir sua flor de novo. Repita esses movimentos mais algumas vezes.

Significado

Nas culturas orientais, a flor de lótus é um símbolo divino de pureza, iluminação, renovação e renascimento. O movimento que ela realiza é uma analogia da condição humana: com suas raízes plantadas na lama do fundo dos lagos, a flor submerge nas águas obscuras todas as noites e emerge todas as manhãs, com suas pétalas intactas e limpas. Esse movimento também representa o ciclo de vida, morte e renascimento.

Além disso, a flor simboliza o poder da fé inabalável: não aceita derrotas, desabrochando todos os dias tão bela quanto no dia anterior.

Este mudra também está associado ao nosso coração, que é a fonte da boa vontade, do afeto, da gentileza e do amor, além de ser responsável pelo dom da boa comunicação.

Benefícios

O Lotus Mudra pode ser praticado quando nos sentimos desgastados, decepcionados, sozinhos ou incompreendidos, pois nos abre para a sabedoria divina e nos torna receptivos a tudo que merecemos.

Ele também nos ajuda a aceitar as situações desafiadoras

com serenidade, proporcionando-nos a certeza de que sairemos delas mais fortes e sábios.

É um ótimo mudra para estimular sentimentos de amor, gentileza, compaixão, boa vontade e benevolência em relação a nós mesmos e aos outros.

108 badaladas da renovação

À meia-noite do dia 31 de dezembro, os templos budistas japoneses realizam o Joya-no-Kane, tocando os sinos exatas 108 vezes — uma vez para cada um dos 108 pecados humanos, que incluem ansiedade, medo, raiva, inveja e cobiça. O objetivo desse ritual é extirpar os desejos mundanos acumulados durante o ano que se encerrou para que possamos iniciar o novo ciclo renovados.

Para um bom recomeço na virada de ano

Se você deseja uma boa reviravolta em sua vida, vista uma roupa velha para o Réveillon e leve uma nova completa — incluindo meias, sapatos e roupas de baixo — em uma sacolinha. Na hora da virada, vá a um lugar de natureza exuberante, tire toda a roupa que está vestindo, dobre-a e deixe-a no chão. Vista as peças novas e vá embora sem olhar para trás. Dobrar as roupas antigas demonstra respeito por tudo que passou e vestir as novas abre espaço para os recomeços.

Perto da natureza

Logo depois da virada, durante as primeiras horas do ano, é bom pisar na terra e estar perto da água, sentindo o vento bater no rosto. Estar em contato com a natureza ajuda a levar o que tem de ir e a trazer as coisas boas que estão por vir. Também nos lembra de que a vida tem seus ciclos e de que eles devem ser respeitados.

Para começar o ano com o pé direito

Um pouco antes da virada, saia de casa e, durante as doze badaladas, entre com o pé direito. Isso vai garantir que você comece o ano da melhor forma.

Roupas novas e suas cores

Para começar o ano como se fosse uma folha em branco, use roupas novas na virada. Se quiser reforçar a ideia, vista branco. Na China, as pessoas costumam aderir ao vermelho para atrair prosperidade e boa sorte. Todo fim de ano, alguns astrólogos também costumam indicar uma cor específica para o momento. Vale prestar atenção na dica e adquirir uma peça da cor sugerida (pode ser na roupa íntima). A cor costuma estar em harmonia com a vibração do ano que está chegando e vai atrair as melhores intenções.

Cores para a virada do ano e o que elas atraem

Amarelo: dinheiro e prosperidade.

Azul: tranquilidade, segurança, calmaria, saúde, harmonia e paz.

Branco: purificação, paz, inocência e esperança.

Cor-de-rosa: amor, harmonia e união.

Dourado: prosperidade, proteção e alto-astral.

Lilás: intuição, espiritualidade, serenidade e leveza.

Prateado: energia de renovação, sucesso, solidez e prosperidade.

Verde: abundância, esperança, confiança, saúde e crescimento.

Vermelho: paixão e entusiasmo.

Para atrair renovação

A fim de deixar para fora as coisas ruins e trazer renovação, os cubanos jogam um balde de água pela janela ou pela porta no dia 31 de dezembro.

Para ter saúde e felicidade

Todo dia de manhã, feche o punho e bata no osso esterno no ritmo: uma batida, duas batidinhas, uma batida, duas batidinhas. Faça isso por cinco minutos.

Ho'oponopono

Foi Kahuna Lapa'au Morrnah Nalamaku Simeona quem sistematizou a técnica de cura dos povos ancestrais do Havaí para a fórmula ho'oponopono, muito conhecida nos dias de hoje. Kahuna era descendente direta dos curandeiros que criaram o método. Os antigos habitantes da ilha acreditavam que toda doença começava a partir de sentimentos e pensamentos negativos gerados depois de experiências traumáticas e que os deuses mandavam enfermidades em represália aos maus comportamentos das pessoas magoadas e traumatizadas. O ho'oponopono era usado para curar as dores dos doentes e de toda a família que sofria com a presença do mal entre eles.

Em havaiano *pono* quer dizer "ajuste", "regulagem", "correção", "revisão", "arrumação", e a partícula *ho* transforma substantivos em verbos. Ho'oponopono, então, significa "corrigir", "arrumar", "ajustar".

Atualmente, as frases mágicas que eram proferidas para a cura das famílias são usadas para diversas finalidades. Trata-se de uma prática muito simples que traz perdão, alegria e gratidão para o cotidiano dos envolvidos.

Há duas formas de praticar o ho'oponopono. Se você tiver um problema com alguém ou uma situação que queira resolver, basta pensar nisso e repetir indefinidamente (ou até seu coração indicar quando parar) as frases:

Sinto muito

Me perdoe

Eu te amo

Obrigado(a)

Fale em voz alta ou em pensamento, sempre que desejar, e espere vir o que tiver de vir. Há pessoas que, em vez de "Obrigado(a)", dizem "Sou grato". As duas versões são igualmente poderosas.

A outra forma de praticar é não pensar em nenhum motivo em especial. Por exemplo, pense em você mesmo e em pessoas que ama, e diga:

Sinto muito

Me perdoe

Eu te amo

Obrigado(a)

Depois, pense em pessoas que você não ama nem odeia e diga as mesmas palavras. Por fim, faça o mesmo com pessoas que ofenderam você, são desagradáveis ou despertam sentimentos ruins. Repita tantas vezes quanto julgar necessário ou quiser.

Pratique essa meditação por uma semana, todos os dias, depois reflita sobre o resultado em sua vida. Se gostar, siga com ela indefinidamente.

Para São José conceder alegria à família

Pegue uma fotografia da sua família em que todos estejam felizes, coloque-a embaixo de uma imagem do santo e diga três vezes: "São José, fazei com que minha família seja tão maravilhosa quanto a sua". Deixe a fotografia ali por 24 horas, depois emoldure-a em um porta-retratos novo e escolha um cantinho para ela em sua casa. Na hora de pô-la no lugar de destaque, reze um Pai-Nosso e uma Ave-Maria. Esse pedido pode ser feito em qualquer dia do ano.

Para ter felicidade durante a vida inteira

Faça um senbazuru, unindo, com o auxílio de barbantes, mil origamis de tsurus, também chamados de "grous". Uma lenda japonesa muito antiga promete que a pessoa que dobrar mil tsurus e formar um fio com eles vai ser agraciado com a felicidade eterna. Outra versão diz que aquele que dobrar mil tsurus vai ter seu desejo realizado pelos deuses.

No Japão, o grou é considerado uma criatura mística, capaz de viver até mil anos. Os japoneses costumam presentear com senbazurus familiares, amigos íntimos ou pessoas que padecem de doenças graves, desejando sua pronta recuperação. Os tsurus também são símbolos da paz, sendo com frequência encontrados em memoriais de guerra. Grupos de estudantes geralmente oferecem um senbazuru aos mortos em combate, como uma forma de oração.

Os origamis devem ser expostos ao tempo, e a gradual decomposição dos pássaros é um voto de paz pelo mundo todo. O mesmo deve ser feito com o fio de mil tsurus para atrair felicidade eterna ou a realização de um desejo.

Bênção final*

Que os caminhos te guiem,
Que o vento sopre sempre a teu favor,
Que o sol brilhe morno em teu rosto
E que a chuva caia delicadamente sobre teus campos.
Lembra-te de esquecer as coisas que te entristeceram,
E lembra-te daquelas que te alegraram.
Lembra-te de esquecer dos amigos que se revelaram falsos,
E lembra-te daqueles que permaneceram fiéis.
Que os amigos reunidos debaixo do teu teto nunca partam,
Que teus vizinhos te respeitem e que os problemas te abandonem,
Que teus bolsos estejam pesados e teu coração, leve,
Que a boa sorte te persiga,
E que a cada dia e a cada noite, tenhas muros contra o vento,
Um teto para proteger-te da chuva, o que beber junto ao fogo,
Risadas que consolem aqueles que ama,
E teu coração se preencha com tudo o que desejas.
Que o dia mais triste do teu futuro
Seja melhor que o dia mais feliz do teu passado,
E, até nosso próximo encontro,
Que Deus te leve na palma de Sua mão.

*da tradição irlandesa

Agradecimentos

Nossa Senhora de Guadalupe, muito obrigada por toda a iluminação.

João Leiva, obrigada, obrigada, obrigada. Minha vida é mais alegre porque você está por perto.

João Francisco Chagas Leiva e João Henrique Chagas Leiva, obrigada por me encherem de amor e orgulho todos os dias.

Aos meus avós, Zelinda Ribeiro Chagas, Manoel Chagas Lopes, Armelinda Antonietta Belfiore de Bartolo (Loguinha) e Paschoal de Bartolo, obrigada por tudo o que herdei de vocês.

Léa de Bartolo Chagas, Carmo Ribeiro Chagas, Juliana de Bartolo Chagas e Marcela de Bartolo Chagas, muito obrigada por serem quem são e estarem sempre por perto e prontos para ajudar.

André Andrade, sua presença é uma bênção. Obrigada por essa energia tão contagiante e bonita.

Mariana Murad Leiva, Marilena Rodrigues Leiva, Maria Fernanda Leiva, Renata Leiva Villapando, Felipe Leiva Villapando, Christian Villapando, João Paulo Leiva e Ana Paula de Souza, obrigada por serem minha segunda e amada família.

Arlete Fontoura, obrigada por ser tão disponível e ter me ajudado tanto.

Claudia Fontoura, sem suas pontes eu não estaria onde estou. Obrigada.

Obrigada por estarem sempre por perto Anna Cecília Ferreira de Carvalho Cury, Isabella D'Angelo, Enor Paiano, Adriana Dias Lopes, Luciana Junqueira, Andrea Uchida Campos, Cristina Chiappini de Moraes Leite, Claudia Chiappini de Moraes Leite, Miguelita do Nascimento Gomes, Severino Soares Rodrigues, Maria do Livramento Silva Araújo, Vera Lucia Araújo dos Santos, Crispina Bispo dos Santos, Beto Nunes, Renata Buono, José Roberto de Toledo Rosario, André Rizek Lopes, Gian Oddi, Alex Atala, Beatriz Tepedino, Paulo Baraldi, Rafael Mantesso, José Maria Mayrink, Beatriz Velloso, Joanna Savaglia, Renata Braga, Cátia Luz, Rosental Calmon Alves, Claudia Alves, Claudineia Dias dos Santos, Marcia Busch, Aline Sordili, Ubiratan Muarrek, Hamilton dos Santos, Daiane dos Santos, Américo Martins, Dayana Tosta, Valéria Mendonça, Diego Vega, Laura Machado Pereira, Noelly Russo, Karla Nastari Pacheco Machado, Betina Bernardes, Daniela Falcão, Annamaria Marchesini, Eliane Trindade, Eide Alves, Gisele Vitória, Kelly Cruz, Suzana Singer, Luciano Monteiro, Lucia Martins, Andrea Dantas, Jaiana Guanaes Paixão, Ricardo Paixão, Anamaria Paixão, Caio Paixão, Rita Rodrigues Angelico, Renato Angelico, Tica Lopes, Marcos Lopes, Paula Angelico e Annamaria Bergamo.

Beatriz Brandt e Daniel Pulino, Luciana Costa Fernandes e Manoel Fernandes, obrigada por encherem minha vida de alegrias inesquecíveis.

Zelinda Feitosa Nagamine, muito obrigada. O mundo é melhor porque você está nele.

Este livro não seria possível sem a ajuda destas pessoas: Andrea Wellbaum, Jana Tahira da Rocha, Rodrigo Lopéz, Mon Liu, Diogo Kaupatez, Paula Gama, Maria Sueli Pimenta, Marilda Barbosa, Larissa Aguiar, Andreia Modesto, Ana Leo, Jamile Patrícia Matheus Rosa, Marilza Solange dos Santos (Mari), Gilda Telles, Silvia Amélia Araújo, Monica Maia, Cristiane Costa, Juliana Andrade, Suzana Barros Pamponet, Roberto Nunes, Cristina Nafria, Ismael Nafria, Daniela Ruiz, Maria do Rosário Ruiz, Olga Vlahou, Luisa Carneiro, Claudia Giudice, Marina Giudice, Ana Paula Franzóia (com especial carinho), Margarida Franzóia, Alberto Villas, Lucia de Fátima Hime, Patricia Falcão, Adriana Kastrup, Barbara Abramo, Andreia Modesto, Geraldo Ramos Soares, Isis Pristed, Richard Bobber, Elenita Fogaça (com a bênção de São Judas Tadeu), Maria Lígia Pagenotto, Isa Bonavita, Rita de Cássia (do salão Rita Cabeleireira, em Passos, Minas Gerais). Flávio Viellas, Marina Laia, Regina Simões, Juliana Cookie, Adriana Fernandes de Azevedo, Patrícia Mendonça, Maria Flor Calil, Rose Guirro, Rosângela Silva Araújo, Gisela Tognella, Nelcy Del Grossi, Ana Cristina Fontoura Vitale, Thalita Aragão, Ana Costa, Maria da Graça Medeiros, Cândida Maria Chagas, Luciano Matheus Rocha Chagas, Rosangela Rocha Chagas, Luiz Chagas, Maria Analice Chagas Marta da Rocha, Denise Chagas Lucca, Maria Zelinda Chagas (tia Linda), Leonardo Pereira Chagas, Thereza Vasconcellos Chagas, Maria Zelinda Chagas Quintela, Gilka Chagas Quintela, Betânia Pereira Chagas Martinelli, Anna Maria Vasconcellos Chagas, Raquel Pereira Chagas, Mauro Chagas de Laia, Elzira Chagas de Laia, Luiz Chagas de Laia, Lillian Chagas Marta da Rocha, Jancyll Chagas

Marta da Rocha, Gislene Chagas Marta da Rocha, Beatriz Chagas Lucca, Mary Silvia Chagas Quintela, Zelinda Chagas Pestana, Pedro Chagas Lucca, Eloizio Chagas, Penha Pereira Chagas, Natália Pereira Chagas, Gilza Chagas Quintela, Gilsane Chagas, Pedro Cunha Chagas, Penha Cunha Chagas, Elias Ribeiro Chagas, Rodrigo Cunha Chagas, Patrícia Cunha Chagas e Andrea Perilo de Laia.

Muito obrigada a todos do grupo Chagas Show. Vocês alegram meus dias, noites, feriados e madrugadas.

Muito obrigada, Santa Maria de Jesus (in memoriam). Você foi uma pessoa muito importante na minha vida. Que sua alegria reverbere no horizonte.

Quezia Cleto, Marina Castro e Matinas Suzuki, obrigada por mais esta obra realizada.

A você, leitor, meu muito obrigada. É maravilhoso saber que você está aí.

A todos, o meu amor e os meus votos de muitas graças alcançadas.

Sobre a autora

Carolina Chagas nasceu numa quinta-feira, em outubro de 1970, e há mais de trinta anos, no dia 19 de março, faz promessas a São José. Ela agradece ao santo pelos dois filhos, pelo marido, pela saúde, pela casa e por muitas outras alegres conquistas. Além de São José, também é devota de Santa Rita e de Nossa Senhora Aparecida, de Santo Antônio e de São Longuinho. Já divulgou inúmeros agradecimentos a Santo Expedito e sempre que entra pela primeira vez em uma igreja faz três pedidos. Todo dia 1º, assopra canela para dentro de casa a fim de atrair prosperidade e, toda segunda-feira, lembra-se de acender uma vela vermelha para São Jorge abrir seus caminhos. Anda com uma medalha de Nossa Senhora no peito e um anel de esmeralda bruta no anelar, e sempre usa óleo essencial de lavanda antes de dormir e de alecrim ao acordar.

É jornalista e mestre em comunicação e semiótica pela PUC-SP. Nasceu em São Paulo, mas há oito anos meteu o pé na estrada e passou uma temporada no Rio de Janeiro e outra em Austin, nos Estados Unidos, como jornalista residente do Knight Center for Journalism in the Americas da Universidade do Texas.

Atualmente, mora com a família em Londres, onde escreve livros, faz reportagens, prepara molho de tomate, bolo de cenoura e suco verde, pratica ioga, medita, às vezes esconde chocolates na gaveta, e espera ansiosa pela época de damascos frescos.

Dela, a Fontanar também publicou *365 dias de bem-estar* (2020), *O livro de orações para todas as graças* (2018), *O livro da gratidão* (2017), *Orações de Nossa Senhora* (2016) e *Orações do povo brasileiro* (2014).

TIPOGRAFIA Bitter, Lektorat e Cutive Mono

DIAGRAMAÇÃO Estúdio Bogotá

PAPEL Pólen Bold, Suzano S.A.

IMPRESSÃO Gráfica Bartira, maio de 2021

A marca FSC® é a garantia de que a madeira utilizada na fabricação do papel deste livro provém de florestas que foram gerenciadas de maneira ambientalmente correta, socialmente justa e economicamente viável, além de outras fontes de origem controlada.